R 2992.
D. Sa.

22443-44

R.

RÉFUTATION

DU DISCOURS

DU

CITOYEN DE GENEVE,

QUI A REMPORTE' LE PRIX

A L'ACADEMIE DE DIJON,

EN L'ANNÉE 1750.

Sous le nom

~~PAR~~ D'UN ACADEMICIEN

DE LA MÊME VILLE.

. . . . res antiqua laudis . . .
Ingredior . . . . . . Virgil. Georgic. l. 2. v. 174.

Par m. Le Cat

Secretaire perpetuel de L'academie
des sciences de Rouen

Quid per Deos! optabilius fapientiâ ? Quid præftan-tius? Quid homini melius ? Quid homine dignius ? Sa-pientia autem eft rerum divinarum & humanarum, caufa-rumque quibus hæ res continentur Scientia ; cujus ftudium qui vituperat, haud fanè intelligo quidnam fit quod lau-dandum putet. Nam, five oblectatio quæritur animi, re-quiefvè curarum ; quæ conferri cum eorum ftudiis poteft, qui femper aliquid anquirunt, quod fpectet & valeat ab benè, beatèque vivendum? Sive ratio conftantiæ, virtu-afquè ducitur, aut hæc Ars eft, aut nulla omninò per quam eas confequamur. Cicero de Officiis, Lib. II. c'eft-à-dire .... Qu'y a-t'il, Grands Dieux, de plus défi-rable que la Sageffe ? Qu'y a-t'il de plus excellent, de meilleur, de plus utile à l'homme, de plus digne de l'homme ? Or la Sageffe eft la fcience des chofes di-vines & humaines & de leurs caufes. Qu'on puiffe mé-prifer cette fcience & trouver quelqu'autre chofe digne de louange, c'eft ce que je ne comprends pas ; car fi l'on cherche les plaifirs de l'ame, la recréation de l'efprit, où en trouvera-t'on de comparables aux oc-cupations de ceux qui cherchent fans ceffe ce qui peut nous rendre gens de bien & heureux ; fi l'on veut trou-ver les régles de la vertu la plus folide, la Philofophie eft le feul Art de les obtenir. *Ciceron, Traité des devoirs. Edition de Glafgow, pp. 99. 100.*

Jacques Sculp.

Satire, tu ne le connois pas. Discours du Citoyen de
geneve p. 31

L'objet de ces transports si tendres
eſt   vne jdole qu'a tes yeux
ce flambeau va reduire en cendres.

Voïés les p. 49. 50. de cette edition

DISCOURS

QUI A REMPORTE' LE PRIX

A L'ACADEMIE DE DIJON,

EN L'ANNÉE 1750.

Sur cette Question proposée par la même Académie;

*Si le rétablissement des Sciences & des Arts
à contribué à épurer les mœurs.*

PAR UN CITOYEN DE GENÈVE.

Barbarus hic ego sum, quia non intelligor illis. Ovid.

NOUVELLE ÉDITION,

Accompagnée de la Réfutation de ce Discours, par les Apostilles critiques de l'un des Académiciens Examinateurs, qui a refusé de donner son suffrage à cette Piéce.

A LONDRES,

Chez EDOUARD KELMARNEC.

M. DCCLI.

PRÉFACE

DE L'AUTEUR

DU DISCOURS,

CITOYEN DE GENEVE.

Voici une des grandes & des plus belles ques-tions qui aient jamais été agitées. Il ne s'agit point dans ce Discours de ces subtilités métaphy-siques qui ont gagné toutes les parties de la Lit-térature, & dont les Programmes d'Académie ne sont pas toujours exempts ; mais il s'agit d'une de ces vérités qui tiennent au bonheur du genre humain.

Je prévois qu'on me pardonnera difficilement le parti que j'ai osé prendre. Heurtant de front tout ce qui fait aujourd'hui l'admiration des hommes, je ne puis m'attendre qu'à un blâme universel ; & ce n'est pas pour avoir été honoré de l'approba-tion de quelques Sages, que je dois compter sur celle du Public : Aussi mon parti est-il pris ; je ne me soucie de plaire ni aux Beaux-Esprits, ni aux gens à la mode. Il y aura dans tous les tems des hommes faits pour être subjugués par les opinions

a 3

de leur siécle, de leur Pays, de leur Société: Tel
fait aujourd'hui l'Esprit fort & le Philosophe, qui
par la même raison n'eût été qu'un fanatique du
tems de la Ligue. Il ne faut point écrire pour de
tels Lecteurs, quand on veut vivre au-delà de son
siécle.

Un mot encore, & je finis. Comptant peu sur
l'honneur que j'ai reçu, j'avois, depuis l'envoi,
refondu & augmenté ce Discours, au point d'en
faire, en quelque maniére, un autre Ouvrage; aujourd'hui, je me suis cru obligé de le rétablir
dans l'état où il a été couronné. J'y ai seulement
jetté quelques notes & laissé deux additions faciles
à reconnoître, que l'Académie n'auroit peut-être
pas approuvées. J'ai pensé que l'équité, le respect
& la reconnoissance exigeoient de moi cet aver-
tissement.

PRÉFACE
DE L'EDITEUR
DU DISCOURS,
AVEC LES REMARQUES CRITIQUES.

LA Littérature a ses Cométes comme le Ciel. Le Discours du Citoyen de Geneve, doit être mis au rang de ces phénomenes singuliers, & même sinistres pour les Observateurs crédules. J'ai lu, comme tout le monde, ce célébre Ouvrage. Comme tout le monde, j'ai été charmé du style & de l'éloquence de l'Auteur ; mais j'ai cru trouver dans cette Piéce plus d'art que de naturel, plus de vraisemblance que de réalité, plus d'agrément que de solidité ; en un mot, j'ai soupçonné que ce Discours étoit lui-même une preuve qu'on peut abuser des talens, & qu'on peut faire dégénérer l'art de développer la vérité, & de la rendre aimable, en celui de séduire & de faire passer pour vraies les propositions les plus paradoxes & même les plus fausses.

Il n'est point de serpent, ni de monstre odieux,
Qui par l'art embelli ne puisse plaire aux yeux.
Boil. Art Poët. Ch. 3.

Mais en même temps j'ai cru m'appercevoir que cet abus de l'art n'a pas tout le succès que lui promettent les apparences ; l'erreur se découvre à l'esprit attentif, sous les sophismes par lesquels on s'efforce de la revêtir du masque de la vérité, comme les mœurs artificieuses se trahissent elles-mêmes dans la contenance & les discours des hypocrites qu'on soupçonne & qu'on étudie. Néanmoins la grande défiance que j'ai de mes propres lumiéres, fit que la lecture de l'éloquent Discours me mit dans une sorte de perpléxité : Quel parti prendre, me suis-je dit? L'espérance de contribuer au bonheur général de la Société, comme au mien propre, d'être plus utile & plus agréable aux autres & à moi-même ; d'être enfin meilleur que la nature seule ne m'avoit formé, est le motif qui m'a soutenu jusqu'ici dans l'étude des Sciences & des Arts ; un projet si louable m'auroit-il fait illusion? Avec le dessein de chercher le mieux être, aurois-je pris exactement le chemin opposé ? Tant de travaux ne me conduiroient-ils qu'à dégrader les talens & les inclinations que la simple nature m'avoit donnés. Si cela est, j'apprends tous les jours, & je travaille par-là tous les jours à me rendre pire que je n'étois. Si cela eſt, je me propoſe de donner de l'éducation à mes Enfans, & par-là je trame une conſpiration contre la Société, contre la Patrie, en formant un projet qui tend à la corruption de ſes Sujets. Grand Dieu! qu'ai-je fait, & dans quel abîme allois-je précipiter les miens. Malheur à ceux *qui ont briſé la porte des Sciences!* Allons, brûlons les Livres, oublions juſqu'à l'Art de lire, & gardons-nous de l'apprendre aux autres.

Ce nouveau deſſein mérite quelques réflexions; il a tout l'air d'une extravagance. Quoi! de propos délibéré, nous nous replongerions dans les ténébres & la barbarie? Cette action ſeule ſeroit, ce me ſemble, le chef-d'œuvre de l'aveuglement, & de la barbarie même....

Barbarus hic ego ſum,

Mais l'Auteur couronné par la reſpectable Académie de Dijon, m'aſſure que cette barbarie n'eſt qu'apparente, que je ne la crois telle, que parce que je n'entends pas la queſtion...

quia non intelligor illis.

J'avoue que j'avois déja été fort ſurpris que ce Corps célébre eût propoſé cette queſtion;

car toute question proposée est censée problé-
matique ; mais l'hommage rendu aujourd'hui
au Discours par la même Société , met le comble à mon étonnement , & m'en impose ;
à peine osai-je examiner. Il est un moyen
d'éclaircir mes doutes, plus décent, plus sûr,
plus conforme à la juste défiance que j'ai de
mes lumiéres. J'ai l'honneur d'être lié d'amitié
avec l'un des Membres du Sçavant Aréopage
de Dijon , avec l'un des Juges qui a dû concourir au triomphe de l'Orateur Genévois.
Consultons-le. Il est homme à ne rien faire à la
legére ; il nous fera part des raisons qui ont
emporté son suffrage , & elles décideront sans
doute le mien. J'ai suivi ce projet, & j'ai reçu de
mon illustre Correspondant la Lettre suivante.
„ Oui , Monsieur , j'ai été l'un des Juges du
„ Discours qui a remporté le Prix en 1750 ;
„ mais non pas un de ceux qui lui ont donné
„ son suffrage. Loin d'avoir pris ce dernier
„ parti , j'ai été le zélé défenseur de l'opinion
„ contraire , parce que je pense que celle-ci a
„ la vérité de son côté , & que le vrai seul
„ a droit de prétendre à nos Lauriers. J'ai
„ même poussé le zèle jusqu'à apostiller le

,, Difcours par des Notes critiques , dont la
,, collection eft plus confidérable que le texte
,, même ; j'ai cru que l'honneur de la vérité,
,, celui de toutes les Académies, & de la nôtre
,, particuliérement , l'exigeoient de moi : ces
,, mêmes motifs m'engagent à vous en en-
,, voyer la copie , & à vous permettre de les
,, rendre publiques. Dans cette vue , j'ai lu
,, l'Edition que l'Auteur en a faite, & j'ai ajouté
,, à mon manufcrit quelques remarques nouvel-
,, les, aufquelles fes additions ont donné lieu.

,, Ne perdez point de vue , s'il vous plaît ,
,, Monfieur , que ce ne font que des apoftilles,
,, des notes que je vous envoye , & non un
,, difcours fleuri ; que mon deffein n'a jamais été
,, d'oppofer éloquence à éloquence, paradoxe à
,, paradoxe ; j'aurois peut-être tenté le premier
,, envain, & le dernier n'auroit pas été de mon
,, goût ; j'expofe naturellement à mes Confré-
,, res ce que je penfe d'une Piéce, dont je fuis
,, examinateur , en oppofant , felon mes foi-
,, bles lumiéres , le raifonnement jufte aux fi-
,, gures oratoires, la vérité claire au paradoxe.
,, J'applaudis avec le Public au génie & aux ta-
,, lens de notre Auteur ; mais j'ofe penfer que

„ fa Piéce n'eft qu'un élégant badinage, un
„ jeu d'efprit, & que fa thefe eft fauffe. Si je
„ puis vous en convaincre, j'ai gagné ma cau-
„ fe. Je préférerai toujours l'art d'éclairer &
„ d'inftruire à celui d'amufer & de plaire,
„ quand il ne me fera pas poffible de les réunir.
„ J'ai l'honneur d'être, &c. „

A Dijon, ce 15 Août 1751.

La générofité de Mr. * * * combla mes
vœux ; je m'applaudis du parti que j'avois pris ;
je dévorai fes notes ; je m'y retrouvai, pour
ainfi dire, par-tout. Pour fentir combien cette
conformité me flate, il faudroit favoir tout ce
que vaut Mr. * * * Je fuis perfuadé que tous les
amateurs des Sciences & des Arts, fe trouveront auffi flatés que moi, & par les mêmes raifons de la lecture de fes Refléxions. J'uferai
donc dans toute fon étendue, du pouvoir qu'il
me donne de les publier ; fes motifs me paroif-
fent auffi juftes que fes remarques. Elles nous
confervent enfin le droit fi doux, fi flateur de
penfer avec Horace, que... *le Philofophe n'a dans
toute la nature que les Dieux au-deffus de lui...*

Ad fummam, fapiens uno minor eft Jove, *dives,*
Liber, honoratus, pulcher, Rex denique Regum.

DISCOURS. REFUTATION.

Decipimur specie recti.

. . . *sunt certi denique fines,*
Quos ultrà, citràque nequit consistere rectum. *

LE rétablissement des Sciences & des Arts a-t'il contribué à épurer ou à corrompre les

L'AUTEUR est très-savant, & joue par conséquent ici un personnage feint & accommodé à la Scène. Mais en général, sur

---

* L'Epigraphe, *Decipimur specie recti* ... choisie par l'Auteur de ce Discours, pour nous annoncer que notre prévention en faveur des sciences est une erreur; cette Epigraphe, dis-je, est la seule excuse qu'on puisse lui prêter à lui-même, encore n'est-elle pas fort bonne; car on peut être quelquefois trompé par les apparences & s'égarer; mais il faut pourtant convenir que le chemin du vrai a des marques distinctives, des limites, des bornes, *certi denique fines;* qu'il y a de regles pour s'y conduire : & en vérité elles me paroissent si évidentes dans l'opinion contraire à celle de l'Auteur, que je soupçonne qu'il a moins été séduit par les simples apparences du vrai, que par l'espoir de les réaliser à nos yeux à force de génie.

Mœurs ? Voilà ce qu'il s'agit d'examiner. Quel parti dois-je prendre dans cette question ? Celui, Messieurs, qui convient à un honnête homme qui ne sait rien, & qui ne s'en estime pas moins.

quel fondement un honnête homme qui ne sauroit rien, ne s'en estimeroit-il pas moins ? Qui peut disconvenir que si cet honnête homme étoit savant, il auroit toujours un talent de plus, & qu'ainsi il en seroit d'autant plus estimable ? Mais est-il bien vrai qu'on puisse être parfaitement honnête homme & parfaitement ignorant tout ensemble ? Ne faut-il pas au moins connoître ses devoirs pour les remplir ? Ne faut-il pas les avoir appris par une éducation qui nous ait inculqué les principes d'une saine morale ? Une science aussi essentielle que celle-ci vaut bien, ce me semble, qu'on ne la compte pas pour *rien*, & que celui qui la possède, ne se regarde pas comme un *homme qui ne fait rien*. Si l'Auteur entend par *ne savoir rien*, n'être point Géometre, Astronome, Physicien, Médecin, Jurisconsulte, &c. Je conviendrai qu'on peut être honnête homme sans tous ces talens; mais n'est-on engagé dans la société qu'à être honnête homme ? Et qu'est-ce qu'un honnête-homme ignorant & sans talens ? un fardeau inutile, à charge même à la terre, dont il consume les productions sans les mériter, un de ces hommes ausquels Horace fait dire . . .

Nos numerus sumus, & fruges consumere nati.

Il y a bien loin de cet honnête homme-là, à l'homme de bien vrai citoyen, qui pénétré de ses devoirs envers les autres hommes, envers l'Etat, cultive dès l'enfance toutes les sciences, tous les arts par lesquels il peut les servir, & par lesquels il les sert en effet, dès qu'il lui est possible.

. . . *Quod si*

Frigida curarum fomenta relinquere posses,
Quà te cælestis sapientia duceret, ires.
Hoc opus, hoc studium, parvi properemus & ampli,
Si patriæ volumus, si nobis vivere cari. Horat. Epist. 3. l. 1. v. 25.

Il sera difficile, je le sens, d'approprier ce que j'ai à dire au Tribunal où je comparois. Comment oser blâmer les Sciences devant une des plus savantes Compagnies de l'Europe, louer l'ignorance dans une célèbre Académie, & concilier le mépris pour l'étude avec le respect pour les vrais Savans ? J'ai vu ces contrariétés & elles ne m'ont point rebuté.

Ce n'est point la Science que je maltraite me suis-je dit; c'est la Vertu que je défends devant des hommes vertueux.

La solution de ce problême est rendue très-curieuse & très-intéressante par le génie supérieur & le style séduisant de l'Auteur ; mais il n'a point concilié les contrariétés qu'il sent lui-même.

Défendre la vertu contre la science qu'on regarde comme incompatible avec la premiere, n'est-ce point maltraiter cette science ? Et quand tout le Discours de l'Auteur tend à prouver l'incompatibilité de ces deux qualités, la vertu & la science, comment peut-il composer chaque Académicien de Dijon de deux hommes, l'un *Vertueux* & l'autre *Docte* ? Cette distinction subtile, par laquelle il a cru échapper aux contrariétés qu'il a lui-même remarquées dans son procédé, n'est-elle pas des plus frivoles?

La probité est encore plus chère aux Gens de bien, que l'érudition aux Doctes. Qu'ai-je donc à redouter ? Les lumieres de l'assemblée qui m'écoute ? Je l'avoue; mais c'est pour la constitution du Discours, & non pour le sentiment de l'Orateur.

Les Souverains équitables n'ont jamais balancé à se condamner.

Le sentiment de l'Orateur, si je ne me trompe, fait la piéce principale de la constitution du Discours. Si le premier n'est point juste, l'autre ne sauroit être solide ; & un discours sans justesse & sans solidité a beau être séduisant, il n'aura point mon suffrage.

L'Auteur convient donc qu'il attaque les Sciences, & que par-là nous devenons ses parties. Il

eux-mêmes dans des dif-
cuſſions douteuſes ; & la
poſition la plus avanta-
geuſe au bon droit, eſt
d'avoir à ſe défendre contre une Partie intégre &
éclairée, juge en ſa pro-
pre cauſe.

A ce motif qui m'en-
courage, il s'en joint un
autre qui me détermine :
c'eſt qu'après avoir ſoutenu, ſelon ma lumiere naturelle,
le parti de la vérité ; quel que ſoit mon ſuccès, il eſt un
Prix qui ne peut me manquer : Je le trouverai dans le
fond de mon cœur.

PREMIERE PARTIE.

C'Eſt un grand & beau
ſpectacle de voir l'hom-
me ſortir en quelque ma-
niere du néant par ſes
propres efforts ; diſſiper
par les lumieres de ſa raiſon, les ténébres dans
leſquelles la nature l'a-
voit enveloppé ; s'élever
au-deſſus de ſoi-même ;
s'élancer par l'eſprit juſques dans les régions cé-
leſtes ; parcourir à pas de
Géant, ainſi que le So-
leil, la vaſte étendue de
l'univers ; & ce qui eſt

ne nous regarde plus ici que comme Savans ; mais nous nous ſou-
viendrons d'une choſe qu'il a déjà
oubliée, qui eſt que nous ſommes
gens de bien, & par-là nous ſerons
ſes partiſans contre la ſcience, &
des premiers à y renoncer, s'il
prouve bien que celle-ci eſt contraire à la vertu.

Voilà ſans doute ce que l'Auteur appelle le renouvellement des
Sciences & des Arts. Il a raiſon
de trouver ce ſpectacle grand,
beau, merveilleux ; on peut ajou-
ter hardiment ſur cette ſeule deſ-
cription, que cette admirable révolution, le triomphe, l'apothéoſe
de l'eſprit humain eſt encore de la
plus grande utilité pour les mœurs,
pour le bien de la ſociété, puiſque
notre Orateur reconnoît lui-même
qu'une partie de ces Sciences renferme la connoiſſance de l'homme,
de ſa nature, de ſes devoirs & de
ſa fin.

encore plus grand & plus difficile, rentrer en ſoi pour y
étudier l'homme & connoître ſa nature, ſes devoirs & ſa fin.
Toutes ces merveilles ſe ſont renouvellées depuis peu de
générations.   *L'Europe*

L'Europe étoit retombée dans la Barbarie des premiers âges. Les Peuples de cette Partie du Monde aujourd'hui si éclairée vivoient, il y a quelques siècles, dans un état pire que l'ignorance.

L'ignorance est donc déjà un état bien pitoyable ; c'est pourtant là le sujet des éloges (p. 2. 3.) de ce Discours, la base de la probité & le grand ressort de la félicité, selon notre Auteur.

Je ne sais quel jargon scientifique, encore plus méprisable que l'ignorance, avoit usurpé le nom du savoir, & opposoit à son retour un obstacle presque invincible.

La barbarie, l'état sauvage, la privation des Sciences & des Arts met donc les hommes hors du sens commun, puisque cette merveilleuse révolution les y a ramenés.

Il falloit une révolution pour ramener les hommes au sens commun.

Elle vint enfin du côté d'où on l'auroit le moins attendue. Ce fut le stupide Musulman, ce fut l'éternel fleau des Lettres qui les fit renaître parmi nous. La chute du thrône de Constantin porta dans l'Italie les débris de l'ancienne Grece. La France s'enrichit à son tour de ces précieuses dépouilles. Bien-tôt les Sciences suivirent les Lettres ; à l'Art d'écrire se joignit l'Art de penser ; gradation qui paroît étrange & qui n'est peut-être que trop naturelle.

Il n'y a ici rien d'étrange qu'une petite tournure énigmatique dans le style ; défaut qui n'est peut-être aussi que *trop naturel* aux Ecrivains de notre siècle. *Les Sciences suivirent les Lettres ;* cela est très-naturel, ce me semble : on apprend les langues ; on apprend à les parler, à les écrire poliment avant de pénétrer dans les Sciences. *A l'art d'écrire se joignit l'art de penser.* Comment ! ne penseroit-on qu'à l'Académie des Sciences ? Et celle des Belles-Lettres seroit-elle composée d'Ecrivains Automates ? L'Auteur est trop intéressé à n'être pas de cet avis. Il veut dire seulement que la Science des Belles-

A

Lettres qui ne demande qu'une contention d'esprit médiocre, que des réflexions superficielles & légères, a été suivie de l'étude des Sciences abstraites, profondes, où les génies les plus transcendans trouvent de quoi épuiser leurs efforts ; & il a mieux aimé exprimer cette différence des Belles-Lettres aux Sciences d'une façon fine que juste.

Et l'on commença à sentir le principal avantage du commerce des Muses, celui de rendre les hommes plus sociables en leur inspirant le désir de se plaire les uns aux autres par des ouvrages dignes de leur approbation mutuelle.

Cet avantage du commerce des Muses est très-réel, & très-important. Inspirer le plaisir de plaire aux hommes, c'est concourir au grand œuvre de la félicité commune ; car avec ces dispositions, non-seulement on n'a garde de rien faire qui leur soit contraire, mais encore on emploie tous ses talens à leur être utile & agréable. Songez à tous les ressorts qu'un amant fait jouer pour plaire à sa maîtresse, & souvenez-vous dans la suite de ce Discours que l'Auteur convient que, par le commerce des Muses, l'homme devient l'amant de la société, & celle-ci sa maîtresse. Je crois qu'il aura de la peine à concilier sa thèse avec ces principes qui sont très-bons.

L'esprit a ses besoins, ainsi que le corps. Ceux-ci sont le fondement de la société, les autres en font l'agrément. Tandis que le Gouvernement & les Loix pourvoient à la sûreté & au bien-être des hommes assemblés ; les Sciences, les Lettres & les Arts, moins despo-

Ces portraits sont plus jolis que justes. Il s'en faut bien que les Sciences & les Arts soient de pur *agrément.* Leurs utilités sont sans nombre. Il n'est point vrai qu'ils ne fassent que couvrir de fleurs nos chaînes de fer : de telles chaînes, par-tout où elles se trouvent, mettent des entraves au génie & éteignent les Sciences & les Arts.

tiques & plus puissants peut-être, étendent des guirlandes de fleurs sur les chaînes de fer dont ils sont chargés,

Étouffent en eux le sentiment de cette liberté originelle pour laquelle ils sembloient être nés, leur font aimer leur esclavage & en forment ce qu'on appelle des Peuples policés.

Loin que les Sciences étouffent en*nous le sentiment de la liberté originelle, c'est elles au contraire qui nous apprennent que la nature a fait tous les hommes égaux, & que l'esclavage est le fruit d'une tyrannie établie par la violence, *par la raison du plus Fort*, suite inévitable de la *Barbarie*. Mais c'est déshonorer la vraie idée d'un *Peuple policé*, que de nous le représenter comme une bête feroce à demi-apprivoisée, comme un esclave sans sentimens pour sa *liberté originelle*, & assujetti à un joug honteux qu'il chérit encore, tant sa stupidité est extrême. L'homme policé est celui que les lumiéres de la raison & de la morale ont convaincu que les loix & la subordination établies dans un État ont pour principe l'équité, & pour but sa propre félicité & celle de ses pareils. Persuadé de ces vérités, il est le premier à exécuter, à aimer, à défendre ces loix qui ont enlevé son suffrage, & qui font sa sûreté & son bonheur. Une société d'hommes qui pensent & qui agissent ainsi, forme ce qu'on appelle vraiment un *Peuple policé*.

Il y a toujours dans les Sociétés des *individus pervers*, qui n'ont ni les lumiéres, ni la raison, ni l'éducation nécessaires pour ressembler à l'homme sociable que je viens de décrire; ce sont-là ceux qu'on ne tient dans l'ordre d'un peuple policé que par des chaînes, que sous un joug; mais on voit que ces hommes feroces sont ceux de notre espéce qu'on n'a pû apprivoiser; c'est la partie non policée du peuple, & celle que le reste de la société est interessée à retenir dans une sorte d'esclavage. C'est cet esclave que l'Orateur nous donne ici pour un Peuple policé; esclave qui est précisément cette portion honteuse de l'humanité, qui est sans aucune des vertus sociales, sans aucune des qualités d'un Peuple policé.

Le besoin éleva les Thrônes ; les Sciences & les Arts les ont affermis.

Le besoin & la raison ont élevé les Thrônes des vrais Rois. Les Sciences & les Arts qui sont à leur tour le thrône de la raison,

deviennent par-là le plus ferme appui des Souverains légitimes, par les heureux effets de la raison & de la justice, tant sur le Souverain que sur les Sujets.

Puissances de la Terre, aimez les talens, & protégez ceux qui les cultivent*. Peuples policés, cultivez - les : Heureux esclaves,

L'Auteur sacrifie toujours la justesse à l'agrément & à la nouveauté. Le thrône d'un Peuple policé n'en fait point des esclaves, mais des pupilles heureux sous la tutelle d'un Pere tendre.

Vous leur devez ce goût délicat & fin dont vous vous piquez ; cette douceur de caractére & cette urbanité de mœurs qui rendent parmi vous le commerce si liant & si facile ; en un mot, les apparences de toutes les vertus sans en avoir aucune.

C'est ici que notre Orateur commence à lever le masque. Il veut que la douceur du caractére, l'urbanité des mœurs, le commerce liant & facile ne soient que des appas pour tromper les hommes. Il nous a dépeint, *p. 6*, occupés du desir de plaire à ces mêmes hommes. Ici notre unique soin est de les tromper ; là, nous étions les amans de la société, ici nous sommes de ces amans suborneurs & perfides, qui n'ont d'amant

* *Les Princes voyent toujours avec plaisir le goût des Arts agréables & des superfluités, dont l'exportation de l'argent ne résulte pas, s'étendre parmi leurs sujets. Car outre qu'ils les nourrissent ainsi dans cette petitesse d'ame si propre à la servitude, ils savent très-bien que tous les besoins que le Peuple se donne, sont autant de chaînes dont il se charge. Alexandre voulant maintenir les Ichtyophages dans sa dépendance, les contraignit de renoncer à la pêche & de se nourrir des alimens communs aux autres Peuples ; & les Sauvages de l'Amérique qui vont tout nuds & qui ne vivent que du produit de leur chasse, n'ont jamais pu être domptés. En effet, quel joug imposeroit-on à des hommes qui n'ont besoin de rien ?*

que les apparences, & dont le cœur scélérat n'a d'autre but que de déshonorer l'infortunée assez foible pour en être la dupe. Le portrait n'est pas flateur, mais est-il vrai, c'est ce que nous allons examiner en suivant l'Auteur.

C'est par cette sorte de politesse, d'autant plus aimable qu'elle affecte moins de se montrer, que se distinguérent autrefois Athénes & Rome dans les jours si vantés de leur magnificence & de leur éclat: c'est par elle, sans doute, que notre siécle & notre Nation l'emporteront sur tous les tems & sur tous les Peuples. Un ton philosophe sans pédanterie, des maniéres naturelles & pourtant prévenantes, également éloignées de la rusticité Tudesque & de la Pantomime ultramontaine: Voilà les fruits du goût acquis par de bonnes études & perfectionné dans le commerce du monde.

Qu'il seroit doux de vivre parmi nous, si la contenance extérieure étoit toujours l'image des dispositions du cœur; si la décence étoit la vertu;

La décence est déja une espéce de vertu, ou tout au moins un ornement à la véritable vertu quand on la posséde, & un grand acheminement vers elle quand on n'a point encore atteint sa perfection.

Si nos maximes nous servoient de regles;

On veut dire si notre conduite étoit conforme à nos maximes & à nos regles. Il arrive souvent sans doute, qu'elle n'y est pas conforme; mais combien plus souvent ce désordre n'arrivera-t'il pas à ceux qui n'ont ni regle ni maxime; aux Ignorans, aux Rustres, aux Barbares?

Si la véritable Philosophie étoit inséparable du titre de Philosophe!

Par la même raison il y a bien des Philosophes qui n'en ont que le nom; mais qu'il y auroit encore bien moins de Philosophes, s'il n'y avoit point du tout de philosophie!

Mais tant de qualités

S'il y a de la pompe ici, c'est

A 3

vont trop rarement en-semble, & la vertu ne marche guéres en si grande pompe.

dans le Discours de notre Orateur, & non pas dans la décence & dans le titre de *Philosophe*, qui décorent l'homme sage, vertueux & simple tout ensemble.

D'ailleurs.... *aut virtus nomen inane est,*
Aut decus & pretium rectè petit experiens vir. Horat. Epist.

L'Auteur du Discours voudroit-il qu'on crût qu'il renonce à la vertu, parce qu'il aspire au *Titre* de grand Orateur, & à la *pompe* d'une victoire sur tous ses concurrens.

La richesse de la parure peut annoncer un homme opulent, & son élégance un homme de goût: l'homme sain & robuste se reconnoît à d'autres marques:

Le sage, comme l'homme robuste, se reconnoît à ses actions; mais l'un & l'autre peut être paré & élegant, sans que cette circonstance dégrade leur mérite, au contraire elle le relevera, si la décence préside à leur parure.

C'est sous l'habit rustique d'un Laboureur, & non sous la dorure d'un Courtisan, qu'on trouvera la force & la vigueur du corps.

Cela n'est pas toujours vrai à la lettre. M. le Maréchal de Saxe, & tant d'autres auroient fait mal passer leur temps aux plus rustiques Laboureurs: La dorure des habits n'ôte ni la santé ni la force, elle ne peut qu'en relever l'éclat.

La parure n'est pas moins étrangére à la vertu qui est la force & la vigueur de l'ame. L'homme de bien est un Athléte qui se plaît à combattre nud:

L'homme de bien est un brave prêt à combattre sous toutes les formes que le hasard ou le sort le forceront de prendre, nud, bien paré, mal équipé; tous ces accessoires lui sont indifférens.

Quilibet indutus celeberrima per loca vadet,
Personamque feret non inconcinnus utramque. Ibid.

Il méprise tous ces vils ornemens qui géneroient l'usage de ses forces, & dont la plûpart n'ont été inventés que pour cacher quelque difformité.

Il est des ornemens & des armes qui tendent à rendre la victoire & plus sûre & plus brillante. Le sage ne les néglige pas contre le vice & l'erreur; il se plie aux circonstances, aux temps, pour en supporter ou en rectifier les événemens; il s'accommode à ce que les mœurs de son siécle ont de décent, pour mieux réussir à corriger ce qu'elles ont de défectueux; il se fait ami des hommes pour les rendre amis de la vertu.

Omnis Aristippum decuit color, & status & res.

Avant que l'Art eût façonné nos maniéres & appris à nos passions à parler une langage apprêté, nos mœurs étoient rustiques, mais naturelles; & la différence des procédés annonçoit au premier coup d'œil celle des caractéres. La nature humaine, au fond, n'étoit pas meilleure; mais les hommes trouvoient leur sécurité dans la facilité de se pénétrer reciproquement, & cet avantage, dont nous ne sentons plus le prix, leur épargnoit bien des vices.

Jamais les hommes n'ont été moins vicieux qu'ils le sont, par la raison que jamais les Sciences & les Arts n'ont été tant cultivés. La nature abandonnée à elle-même, fait de l'homme un assemblage de tant de vices, que le foible germe de vertu que son Auteur y a mis, se trouve bientôt étouffé. La terre n'a pas plutôt vu deux hommes sur sa surface, & encore deux freres, seuls maîtres de l'Univers, qu'elle a vu aussi l'un des deux massacrer l'autre par un principe de jalousie. En vain un Dieu préside à la premiere peuplade, l'instruit, l'exhorte, la ménace, elle continue comme elle a débuté; le crime se multiplie avec les hommes; ils le portent à un tel comble d'horreur, que l'Etre souverainement bon, infiniment sage, se répent d'avoir créé une race auffi perverfe, & ne fait de meilleur reméde aux abominations qu'il lui voit commettre, que de l'exterminer. Il n'eft dans le monde entier qu'une feule famille vertueufe & exceptée du fupplice. Voilà un échantillon de ce dont eft capable la nature humaine, abandonnée à elle-même, à fes paffions, fans le frein des loix, fans les lumiéres des Lettres, des Sciences & des Arts.

Reprenons l'Hiftoire de cette race; quelques fiécles après ce châtiment terrible, nous la retrouverons bien-tôt auffi criminelle qu'auparavant; nous la trouverons efcaladant le Ciel même, & fe révoltant en quelque forte contre fon Auteur. Difperfés enfin, par une feconde punition, dans toutes les parties de la terre, ils y portent tous leurs vices. Bien-tôt l'adroit & robufte Nembrod léve l'étendard de la tyrannie, & fait de tous ceux de fes freres, qui ne font ni fi forts ni fi méchans que lui, autant d'Efclaves & de Miniftres de fes paffions & de fa violence. Sous cette troupe affemblée par le crime & pour le crime, fuccombent des Nations entiéres, que ces malheurs n'inftruifent que pour les porter à leur tour dans d'autres climats. Je vois la terre entiere livrée à ces leçons de barbarie; chaque particulier devient un Nembrod, s'il le peut; les Nations conjurées contre les Nations s'entre-gorgent ou fe chargent de chaînes; elles forment aujourd'hui des Empires qui s'écroulent d'eux-mêmes le lendemain; ils cédent au tumulte & au torrent fougueux des mêmes paffions qui les ont elevés. Que peut-on attendre de durable d'un principe plus déreglé & plus impétueux qu'une mer en fureur? Dieu Tout-puiffant, quand vous lafferez-vous de voir la nature entiere en proie à tant d'horreur? Je vois votre miféricorde s'attendrir fur l'état infortuné de la plus foible & de la moins coupable partie du genre humain, le jouet & l'efclave de l'autre. Que fait votre fageffe infinie pour donner une face nouvelle à l'Univers? Elle fait naître ces hommes rares, avec lesquels elle semble partager son essence ineffable. Source de lumiére, vous ouvrez vos trésors à ces ames choi-sies ; les Sciences, les Arts, l'urbanité, la raison & la justice, sortent du sein de ces génies créateurs, & se répandent sur la terre. Les hommes s'aiment, s'unissent, & font des loix pour contenir ceux que le sort prive de ces lumiéres, & que les passions gouvernent encore. La terre jouit d'une félicité qu'elle ne connoissoit point : elle est étonnée elle-même de ce prodige ; elle en déifie les Auteurs, & attribue à mi-racle l'effet naturel de la culture des Sciences & des Arts. Apollon est adoré comme un Dieu. Orphée est un homme divin dont les accords inspirent aux Lions, aux Tigres la douceur de l'agneau, dont l'art enchanteur anime & donne des sentimens d'admiration & de concorde aux arbres, aux rochers mêmes. Amphion n'est plus un Orateur savant & pro-fond politique, qui par la force de son éloquence transforme les Thébains féroces & barbares en un Peuple doux, so-ciable & policé. C'est un *demi-Dieu*, qui par les accens ma-jiques de sa lyre donne aux pierres mêmes le mouvement & l'intelligence nécessaires pour s'arranger elles-mêmes, & former l'enceinte d'une Ville. * Ce que les premiers génies de l'Arabie, de l'Egypte & de la Grèce ont fait jadis ; ceux qu'ont vu naître les regnes des Augustes, des Medicis, des François I, des Louis XIV, l'ont répété dans les siécles postérieurs. De-là sont sortis ces grands ressorts de la sage politique, ces alliances raisonnées & salutaires ; cette balance de l'Europe, le soutien des Etats qui la composent. Enfin les

* Avant que la raison s'expliquant par la voix,
Eût instruit les humains, eût enseigné des Loix ;
Tous les hommes suivoient la grossiere nature ;
Dispersés dans les bois couroient à la pâture.
La force tenoit lieu de Droit & d'Equité ;
Le meurtre s'exerçoit avec impunité,

Sages de l'Orient n'avoient été que des Législateurs des Peuples ; ceux de l'Occident ont poussé les progrès de la sagesse jusqu'à devenir les Législateurs des Souverains mêmes , parce qu'aucun siécle n'a poussé si loin les Sciences & les Arts, & par conséquent la raison & la sagesse.

Dans tous les siécles néanmoins ces chaînes si salutaires & si raisonnables établies entre les Rois , entre les Peuples, se sont souvent trouvées rompues. Ces malheurs n'arriveroient point , si tout un peuple étoit savant , si tous les Rois étoient Philosophes. Quelque éclairé , quelque policé que soit un Etat , le Philosophe y est beaucoup plus rare , que ne sont dans une digue les pilotis de ces boulevards qui s'opposent au débordement d'un fleuve rapide , aux fureurs d'une mer agitée : Les peuples sont ces flots impétueux qui renversent

> Mais du discours enfin l'harmonieuse adresse
> De ces sauvages mœurs adoucit la rudesse ;
> Rassembla les Humains dans les forêts épars ,
> Enferma les Cités de murs & de remparts ;
> De l'aspect du supplice effraya l'insolence ,
> Et sous l'appui des Loix mit la foible innocence.
> Cet ordre fut , dit-on , le fruit des premiers vers.
> De-là sont nés ces bruits reçus dans l'Univers ,
> Qu'aux accens dont Orphée emplit les monts de Thrace,
> Les Tigres amollis dépouilloient leur audace :
> Qu'aux accords d'Amphion les pierres se mouvoient,
> Et sur les murs Thébains en ordre s'élevoient.
> L'Harmonie en naissant produisit ces miracles. *
>
> Boil. art. poët. ch. IV.

* *Silvestres homines sacer, interpresque Deorum*
Cædibus & victu fado deterruit Orpheus.
Dictus ob hoc lenire tigres, rabidosque leones.
Dictus & Amphion Thebanæ conditor arcis,
Saxa movere sono testudinis, & prece blanda
Ducere quò vellet. Fuit hæc sapientia, &c. Hor. art. poët. v. 391.

quelquefois & les pilotis & la digue qu'ils foutiennent ; & malheureufement les Rois eux-mêmes font quelquefois peuple en cette partie.

Mais avons-nous befoin de remonter aux premiers fiécles du monde, & d'en parcourir tous les âges, pour prouver que les hommes inftruits, policés, font meilleurs ? N'ayons-nous pas actuellement fur la terre dans nos climats même des échantillons des hommes de toutes les efpéces. Dites-moi, je vous prie, illuftre Orateur, eft-ce dans des Royaumes où fleuriffent les Univerfités & les Académies, qu'on rencontre la galante Nation des Anthropophages, ce peuple plein d'humanité & de fentiment, chez lefquels les enfans font honorés pour avoir bien battu leurs meres, & où l'on regarde comme une loi d'Etat, & un devoir envers fes parens chargés d'années, de les laiffer mourir de faim ? * N'allons pas chercher fi loin des exemples de la barbarie, & du vice attaché aux ténébres de l'ignorance ; parcourons feulement les cam-

* Nous ne voyons point la galante Nation des Anthropophages, dira-t-on, mais nous avons celle des Cartouches, des Nivets, des Rafflats, &c. Parlons plus noblement, nous voyons celle des braves qui s'égorgent pour un léger affront, malgré la loi & la religion.

La loi & la religion font donc contraires à ces crimes, & en empêchent fans doute un grand nombre ; tandis que de maffacrer & de manger des hommes eft une coutume, une loi de la Nation dont je viens de parler. Il y a quelques Cartouches parmi nous ; la férocité eft un vice à l'uniffon chez tous les Anthropophages : nos fcélerats font abhorrés, on les faifit dès qu'on les connoît, & ils expirent dans les fupplices. Les Anthropophages font toute leur vie l'horrible commerce dont ils portent le nom, & font applaudis de leurs Compatriotes.

Le duel en particulier eft un accident dépendant de la férocité guerrière, & il ne fubfifteroit point non plus que fon principe, fi l'Empire des Lettres & des Beaux-Arts étoit plus étendu, fi tous les hommes étoient Philofophes. Mais dans la fuppofition que cette férocité foit un mal néceffaire, quelque funefte, quelque blâmable que foit le duel, on peut en quelque forte l'excufer par la délicateffe des fentimens qu'il fuppofe & qu'il entretient dans notre jeuneffe guerrière, par la décence & le refpect réciproque qu'il leur infpire. Il réfulte donc de ce défordre même une efpéce d'ordre & d'harmonie. Rien de femblable ne peut être allégué en faveur des Anthropophages & des Hotentots, peuples cruels fans néceffité, par habitude, & par le feul plaifir d'être cruels.

pagnes de France les moins cultivées par les Arts, les moins
policées, & comparons leúrs mœurs avec celles des habitans
des grandes Villes. Que trente jeunes Payſans de différens
Villages de la Thierache, ou de la Bretagne, &c. ſe trouvent raſſemblés à une fête de Village pour la danſe, vous aurez plus de combats, plus de bleſſures, plus de meurtres de
la groſſiereté paſſionnée & farouche de ces trente ruſtres, que
vous n'en aurez dans cent Bals de l'Opera qui raſſembleront
cinq cens perſonnes; que vous n'en aurez en trois mois dans
une Ville peuplée d'un million d'habitans. Avez-vous une
Ferme, une Terre dans ces cantons policés? votre Fermier
en eſt autant propriétaire que vous-même. Il vous paye, il
eſt vrai, le contenu de votre Bail, mais il ne vous laiſſe pas la
liberté d'être encore mieux payé par un autre. Vos biens paſſent
de pere en fils aux deſcendans du Fermier comme à ceux du
Propriétaire, & ſi vous vous aviſez de trouver que vous êtes
le maître d'en diſpoſer eu faveur d'une autre race, ou celle-
ci ne ſera pas aſſez hardie pour l'accepter, ou vous verrez
bientôt votre terre réduite en cendres, & votre nouveau fermier aſſaſſiné. Vous êtes en France, les Loix vous vengeront;
elles vous prouveront, comme moi, que la vertu ne réſide &
ne trouve de défenſe que dans un Etat bien policé, & que
vous ſeriez perdu ſans reſſources, ſi votre terre étoit placée
dans des climats où les Loix ſont inconnues, excepté celles
des paſſions & de la violence; ſi enfin vous étiez dans ces
premiers ſiécles où la nature ſeule gouvernoit les hommes;
vrais ſiécles de fer, quoiqu'en diſent la Fable & les Poëtes
ſes Miniſtres.

Tel eſt l'abregé très-ſuccinct des preuves que l'Hiſtoire des
ſiécles paſſés, & celle du nôtre même, nous fournit de l'u-
nion intime du crime avec la barbarie, avec l'ignorance, &
au contraire de la liaiſon néceſſaire de la vertu, de la raiſon
avec les Sciences, les Arts, l'urbanité : mais quand l'Hiſtoire

n'en diroit pas un mot, n'avons-nous pas dans les principes
Physiques de ces choses mêmes, dans leur nature, de quoi
prouver ce que ces événemens viennent de nous apprendre ?

La propre constitution de l'homme le rend sujet à mille
besoins. Il a des sens qui l'en avertissent, & chacune de ses
sensations de besoins est accompagnée d'une action de la volonté, d'un desir d'autant plus violent que le besoin en est
plus grand, ou l'organe qui en instruit, plus sensible. Ce même acte de la volonté fait jouer tous les ressorts du mouvement de la machine propres à satisfaire les besoins, à remplir
les desirs. Voilà la marche naturelle de la nature humaine,
& une suite d'effets aussi attachés à son méchanisme, que l'est
à celui d'une Pendule le partage du jour en 24 heures. Par
elle-même, le bien-être de l'individu est son unique objet,
l'unique fin à laquelle cet individu rapporte toutes ses actions.
S'il n'y avoit qu'un homme dans l'Univers, il seroit à même
de se contenter, sans le faire aux dépens d'aucun être qui
pût s'y opposer ou s'en plaindre; mais dès que l'objet de ses
desirs se trouve partagé entre plusieurs hommes, il arrive souvent qu'il faut qu'il apprenne à s'en passer, ou qu'il le ra-
visse à celui qui le possède. Qu'est-ce que lui dicte la nature
en pareil cas ? Elle ne balance pas; elle n'a rien de plus cher
qu'elle-même, & de plus pressé que de se satisfaire; elle lui
dit très-positivement que, si le possesseur de l'objet desiré est
plus foible, il faut le lui ravir sans façon; & que s'il est capable d'une resistance qui rende l'acquisition douteuse, il faut
y suppléer par l'art, lui tendre une embuscade, ou imaginer
un arc & une flêche qui l'atteigne de loin, & qui nous défasse
de l'inquiétude où nous met ce desir, ou la crainte d'être trou-
blé dans la possession de l'objet, quand nous l'avons acquis.
Ainsi parle la nature; ainsi a-t'elle conduit les premiers hommes,
ainsi a-t'elle produit ces siécles d'horreurs que nous avons ci-
devant parcourus.

Qu'a fait la culture des Sciences & des Arts? Qu'a fait la nature perfectionnée par la réflexion? Qu'a fait la raison enfin pour fauver à la nature humaine toute brute, le déshonneur où elle fe plongeoit? Ecoute, a-t'elle dit à cet individu, tu veux enlever à ton voifin un bien qui eft à lui; mais que penferois-tu, s'il te raviffoit le tien? Pourquoi te crois-tu autorifé à faire contre lui ce que tu ferois bien fâché qu'il fît contre toi? Et qui t'a dit que fon autre voifin ne fe joindra point à lui pour te punir de ta violence? Reprime donc un defir injufte, & qui peut avoir des fuites funeftes pour toi-même. Ne defire que ce qui t'appartient, ou que tu peux obtenir légitimement. Tu es adroit & vigoureux, employes tes talens à te défendre & non à attaquer: employes-les à défendre tes voifins: ils t'aimeront; ils te regarderont comme leur protecteur, leur chef; & tu auras d'eux, par cette voie généreufe, & leur amitié & tout ce que tu n'aurois pû leur ravir qu'avec injuftice, & en effuyant des dangers. Réponds-moi, dit-elle, à un fecond; toi qui joins au génie un caractere laborieux, je t'ai vû conftruire ta cabane avec plus d'adreffe & plus d'art qu'aucun autre; que n'en fais-tu une pareille, ou une plus belle même à ton voifin, qui n'a pas l'adreffe de s'en conftruire une? Il eft meilleur chaffeur que toi, il fournira abondamment à des befoins que tu as peine à fatisfaire, & il te payera encore de fa reconnoiffance & de fon amitié. Tu dors, dit-elle à un troifième, & tu imites ton troupeau raffaffié & fatigué des pâturages où tu l'as promené tout le jour; je te connois capable des plus vaftes reflexions; peux-tu ne pas lever les yeux fur ces aftres brillans dont le ciel eft paré dans cette belle nuit? Reconnois-les, obferves leurs cours, tires-en les moyens de connoître les régions de la terre, le plan de l'Univers, & de déterminer l'année, fes faifons. Tu deviendras l'admiration des autres hommes, & l'objet de leurs hommages

& de leurs tributs. Que fais-tu pareſſeux, dit-elle à un qua-
trième ? tu es ingénieux, & tu paſſes les journées entiéres
dans l'oiſiveté & la rêverie. Prens-moi ce roſeau, vuides-en
la moëlle, perces-y des trous, ſouffle contre le premier,
& remue avec art les doigts ſur les autres, tu vas produire
des ſons qui feront accourir autour de toi tous les humains
de la contrée ; ravis de t'entendre, ils t'eſtimeront par-deſſus
les autres, & il n'y a point de préſens qu'ils ne te faſſent
pour t'engager à leur procurer ce plaiſir. Vois-tu, dit-elle à
un cinquième, ce que viennent de faire tes voiſins pour le
bien général de l'habitation ? Quelle émulation, & quelle eſtime réciproque a mis parmi eux le génie inventif ? Quelle
union réſulte des ſervices mutuels qu'ils ſe rendent, ou des
plaiſirs qu'ils ſe font par-là ? Quelle ſureté produit dans cette
union cette eſtime, cette amitié réciproque, & l'équité dont
ſe piquent la plûpart de ſes membres ? Toi qui ſens mieux
qu'un autre, l'utilité & le bonheur d'un pareil état, & qui es
un des plus ſages & des plus éloquents de l'habitation, per-
ſuades-leur à tous de ſe faire une loi de vivre toujours, comme le font les meilleurs d'entr'eux, de punir ceux qui s'en
écarteront, & d'exciter par des hommages & des récompen-
ſes les hommes vertueux & habiles, auſquels ils doivent ces
précieux avantages, à les porter encore à une plus grande
perfection.

Ainſi parla la raiſon ; ainſi le génie, en prenant l'eſſor, dé-
velopa le germe de l'équité & de l'urbanité, étouffé par la
barbarie. Mais ſans cette raiſon, premier effort du génie,
que devenoit la Vertu ? Sans l'éducation, ſans la culture des
Sciences & des Arts, que deviennent les mœurs ? Quels ſont
les objets eſſentiels de cette éducation ? Que mon Orateur
me ſuive ici, & qu'il n'élude pas la queſtion par le brillant
de ſes ſophiſmes ; ne ſont-ce pas nos devoirs envers l'Etre
Suprême & envers le prochain ? C'eſt à des enfans qu'on in-

culque ces devoirs, c'est sur de la cire molle qu'on en im-
prime l'obligation : ils croîtront donc, non seulement bien
instruits, mais encore convaincus de la nécessité de ces devoirs. Comment ne les rempliroient-ils pas, dès-qu'ils en
sont bien convaincus ? Comment feroient-ils faux bond à la
vertu, à la probité qu'ils estiment, qu'ils aiment & qu'ils
révérent ? Et s'il en est encore quelques-uns, dont la nature
perverse, malgré tant de circonstances propres à les ranger
sous l'étendard de l'honneur, les engage à se dégrader, à se
livrer au vice, que n'eussent-ils pas fait, & en combien plus
grand nombre n'eussent-ils pas été, s'ils eussent manqué de
tous ces secours, de l'éducation & des Lettres ? *

Aujourd'hui

* Vous faites faire, dira quelqu'un...., aux Sciences, aux Arts,
à la raison, ce qu'a toujours fait la loi naturelle, puisque vous leur
attribuez même ce premier principe si simple, *alteri nè feceris quod
tibi fieri non vis.*

Qu'entend-t'on par la loi naturelle ? Sont-ce les instincts, les mouvemens que tous les hommes reçoivent de la nature toute brute ?
Dans ce cas-là je dis que la loi naturelle ne nous dicte que de satisfaire nos desirs, quelqu'effrenés qu'ils soient, qu'elle est le principe
de la barbarie, & qu'elle ne fait rien de ce que nous venons de faire
faire à la raison, aux Sciences & aux Arts, ainsi que je viens de le
prouver. Veut-on appeller loi naturelle celle qui ordonne aux hommes de se chérir réciproquement ? alors je soutiens que cette loi est
une suite de la refléxion & de l'expérience ; que c'est une loi naturelle
réduite en Art, en Science, par des raisonnemens qui nous font voir
que l'empire sur nos passions, la privation de plusieurs de nos desirs,
nous font souvent plus avantageux que la jouissance illégitime des biens
desirés ; & que quand même nous n'y trouverions pas notre avantage, la justice exigeroit de nous que nous agissions ainsi. Or, ces progrès de la raison vers l'équité, sont les premiers fondemens qu'elle a
jettés de la Morale, ils sont déja un commencement du grand art de
se conduire parmi les autres hommes ; mais cette science qui tend
au bien de la société, contrarie en même temps les mouvemens naturels du particulier.

D'où vient, je vous prie, accorde-t'on tant d'estime à la vertu,
tant d'admiration à ces actions généreuses, par lesquelles des particu-
liers se sont sacrifiés pour leurs amis, pour leurs concitoyens ? C'est
que toutes ces belles actions ne sont pas dans la simple nature ; c'est
que pour en former le projet, le système, il a fallu des efforts de génie, & pour les exécuter, de plus grands efforts encore de la part de-

Aujourd'hui que des recherches plus subtiles & un goût plus fin ont Tant mieux si la forme est bonne.

réduit l'Art de plaire en principes, il règne dans nos mœurs une vile & trompeuse uniformité, & tous les esprits semblent avoir été jettés dans un même moule :

Sans cesse la politesse exige, la bienséance ordonne: sans cesse on suit des usages, jamais son propre génie. On fait fort bien de ne pas suivre son propre génie, quand il est conforme à une nature perverse; alors on doit prendre pour regler les reformes qu'y ont fait faire les réflexions des sages; mais quand

on possède un bon génie, on peut hardiment se donner carrière : on se fera tout à la fois & admirer & aimer.

On n'ose plus paroître ce qu'on est, Oh! nous y voilà : on est naturellement méchant; l'éducation nous a appris qu'il ne faut point l'être.

Nous sommes honteux de sentir en nous que cette éducation n'a pas encore déraciné ces vices; nous nous efforçons au moins de paroître vertueux. Cet effort est un premier pas à la vertu : *Initium sapientiæ timor Domini*; & la preuve du bien qu'a fait chez nous l'éducation. Sans elle cet homme-là auroit été méchant sans honte & fort ouvertement. Plus il sera honteux d'être

l'ame, peut-être même d'un peu d'un certain enthousiasme, pour renoncer à ses propres intérêts & leur préférer celui de ses amis, de ses citoyens, de sa patrie. Qu'est-ce que la générosité, sinon ce sacrifice de son bien particulier à celui des autres ? Or, tous ces procédés sont supérieurs à la loi purement naturelle, supérieurs à ces instincts dont nous parlions tout à l'heure; c'est même par cette raison & par l'intérêt particulier que nous avons que les autres hommes fassent beaucoup de pareilles actions, que nous leur accordons tant d'éloges. Ainsi, quand on dit communément, que ce principe, *ne fais à autrui que ce que tu voudrois qu'on te fît*, est une loi naturelle; on entend que c'est la première conséquence que la raison a tirée de ses réflexions, & de l'expérience, le premier principe enfin de la science de la morale naturelle, de la morale établie indépendamment des lumières de la révélation; mais cette Morale est vraiment un de ces Arts, une de ces Sciences auxquelles j'ai attribué l'heureuse révolution arrivée dans le genre humain.

B

vicieux, moins il succombera ; & plus il aura eu d'éducation, toutes choses égales d'ailleurs, plus cette honte sera grande, & moins il osera être vicieux. L'Auteur convient par-là, malgré lui, de l'utilité des Sciences, des Arts, de l'éducation.

On peut rapporter au même principe ce que nous appellons l'honneur, le point d'honneur, ce tyran magnanime dont le pouvoir despotique & souvent salutaire, gouverne tous les Peuples civilisés, ce grand mobile des actions de tous les hommes, de ceux mêmes qui n'ont ni religion ni vertus réelles. Or ce frein le plus puissant, le plus universel contre les actions basses, honteuses, vicieuses, d'où nous vient-il, sinon de l'éducation ? Pourquoi une Sauvage se prostitue-t-elle publiquement & sans façon, tandis que ce que nous appellons une femme d'honneur, perdroit la vie plutôt, que la réputation qui lui fait donner cette épithéte, & que ceux qui l'ont perdue, cachent encore avec soin leurs foiblesses ? C'est que la Sauvage suit le seul instinct de la nature, & qu'on ne lui a jamais dit qu'il y avoit du mal à se laisser aller au torrent de ses passions : au lieu qu'on a inculqué dès l'enfance à nos femmes des regles de morale divine & humaine sur cet article, & qu'on les a persuadées qu'il est honteux de s'abandonner aux vices contre les lumieres & les préceptes de cette morale.

Ce point d'honneur, ce frein plus général que la religion même, & qui lui est souvent fort utile, sera donc d'autant plus puissant, qu'on aura mieux inculqué ces vérités, ces préceptes de morale, & qu'on aura donné plus d'éducation. Les hommes seront donc d'autant moins vicieux, qu'ils seront moins ignorans, mieux instruits.

Et dans cette contrainte perpétuelle, les hommes qui forment ce troupeau qu'on appelle socié- Qui est-ce qui est la dupe des politesses que l'usage a établies, & qui les confondra avec les offres sincéres de services que vous fait

té, placés dans les mêmes circonstances, feront tous les mêmes choses, si des motifs plus puissants ne les en détournent. On ne saura donc jamais bien à qui l'on a affaire: il faudra donc, pour connoître son ami, attendre les grandes occasions, c'est-à-dire, attendre qu'il n'en soit plus temps, puisque c'est pour ces occasions mêmes qu'il eût été essentiel de le connoître.

un ami? La simple urbanité & l'urbanité échauffée par une amitié vive & sincère, ont des tons si différens, que le moins versé dans le commerce du monde ne s'y méprend pas. Le fourbe même, qui s'étudie à jouer le personnage de celui-ci, n'est guères plus difficile à pénétrer, qu'il n'est embarraffant de distinguer une coquette d'une véritable amante. Au reste, si les hommes se trahissent dans un siécle où l'éducation, l'honneur & les sentimens regnent plus que jamais, à quoi a-t-on dû s'attendre dans les siécles d'ignorance & de barbarie? Croit-on que les hommes plus vicieux alors aient été moins malins, moins trompeurs, parce qu'ils étoient moins savans? c'est une erreur très-grossiére que de croire que les Sciences & les Arts rendent les hommes plus fins, plus artificieux. Je pourrois citer cent traits de la plus naïve simplicité pris dans les plus grands hommes, depuis La Fontaine jusqu'à Newton. Celui qui raconte avec tant d'art les fourberies du Renard & du Loup, ne garde pour lui que la simplicité de l'Agneau. Celui dont la sagacité étonne l'univers, quand il s'agit de fonder les profondeurs de la nature, quand il s'agit de donner la torture à la lumiére, de lui extorquer ses sécrets par des rufes physiques auffi fines que cette matiére est subtile; celui-là même n'a plus vis-à-vis d'une femme, d'un homme du monde, qu'une timidité, une ingénuité rustique qui se trouve primée par la frivolité même. L'Aigle des Académies devient le butor des cercles. Ce sera bien pis, s'il est question de l'art de pénétrer les petits détails d'in-

B 2

térêt, d'affaires de commerce, les finesses, les stratagêmes qui font partie de cet art si connu du commun des hommes. J'ose avancer sans crainte d'être contredit par aucun homme raisonnable, qu'en cette partie, une douzaine de ces hommes transcendans, va être le jouet d'un Rustre Bas-Normand ou Manceau, & la raison en est aussi simple qu'eux; leur sublime génie est entièrement occupé des sujets qui leur sont proportionnés; il n'est jamais descendu dans ces petits détails des usages & des affaires de la vie commune; il en ignore tous les réplis, tous les petits détours, dont le Rustre a fait son unique étude.

S'il est donc dans le monde poli de ces hommes artificieux en grand nombre, c'est que le plus grand nombre des membres de la société, préfére la science du monde, de ses maniéres, de ses ruses, de ses intérêts à la science de la nature & des beaux arts; & pourquoi dans cette société, la partie la plus aimable & la plus à craindre, la plus foible & la plus séduisante, passe-t'elle pour la plus artificieuse? C'est que par son genre de vie elle est la moins instruite, la moins savante. Aujourd'hui qu'on revient de la prévention contre les femmes savantes, qu'on les reconnoît autant & plus propres que nous aux belles connoissances, qu'elles s'y appliquent; quoi de plus aimable & de plus sûr tout à la fois que leur commerce? Si donc vous cherchez de l'artifice, adressez-vous dans les deux sexes à cette partie frivole, dont l'éducation aussi futile qu'elle, n'admet aucune science, aucun art solide, qui ne connoît que de nom ces flambeaux de la vérité, ces remparts de la vertu. Vous ne trouverez point l'homme artificieux parmi les savans, parmi les gens livrés en entier aux beaux arts, ou, s'il est possible qu'il s'en trouve, ce sera un entre dix mille, que n'aura pas préservé de ce penchant trop naturel l'art le plus capable de le faire.

Quel cortége de vices n'accompagnera point cette incertitude? Plus

Nous venons de répondre à cette déclamation.

d'amitiés sincéres; plus d'estime réelle; plus de confiance fondée. Les soupçons, les ombrages, les craintes, la froideur, la reserve, la haine, la trahison, se cacheront sans cesse sous ce voile uniforme & perfide de politesse, sous cette urbanité si vantée que nous devons aux lumiéres de notre siécle.

On ne profanera plus par des juremens le nom du Maître de l'Univers, mais on l'insultera par des blasphêmes, sans que nos oreilles scrupuleuses en soient offensées. On ne vantera pas son propre mérite, mais on rabaissera celui d'autrui. On n'outragera point grossiérement son ennemi, mais on le calomniera avec adresse.

Notre Auteur convient que nos gens à éducation, que nos gens polis, lettrés, ne font pas capables d'outrager grossiérement leurs ennemis, mais qu'en revanche, la dissimulation, la calomnie adroite, la fourberie, font le partage de cette partie civilisée.

C'est déjà un grand avantage pour la société que les Lettres ayent extirpé les vices grossiers; mais quand l'Auteur croit que les défauts moins importants se sont multipliés & ont fait une compensation, c'est une erreur dans laquelle personne ne donnera. A qui pourra-t'on persuader qu'un homme assez féroce pour exécuter le vol, le meurtre, tel qu'on en trouve tant dans la lie du peuple & des païsans, &c. se fera un scrupule d'être dissimulé, fourbe? Ce sont-là de belles bagatelles pour des scélérats capables de tremper leurs mains dans le sang humain. Convenons donc que la partie grossiére des hommes de ce siécle même, la partie peu civilisée, à demi barbare, est la plus méchante; & nous concevrons que quand tout le genre humain étoit sauvage, barbare, pire encore que la grossiére espéce dont nous venons de parler, tous les hommes étoient beaucoup plus méchans qu'ils ne font aujourd'hui.

Les haines nationnales s'éteindront, mais ce sera avec l'amour de la Patrie. A l'ignorance méprisée, on substituera un dangereux Pyrrhonisme. Il y aura des excès proscrits, des vices deshonorés, mais d'autres seront décorés du nom de vertus; il faudra ou les avoir ou les affecter. Vantera qui voudra la sobriété des Sages du temps, je n'y vois, pour moi, qu'un rafinement d'intempérance autant indigne de mon éloge que leur artificieuse simplicité. *

Notre Orateur copie ici le Misantrope de Moliere : il ne lui manque plus que de dire avec lui . . .

J'entre en une humeur noire, en un chagrin profond,
Quand je vois vivre entr'eux les hommes comme ils font ;
Je ne trouve par-tout que lâche flaterie,
Qu'injustice, intérêt, trahison, fourberie ;
Je n'y puis plus tenir, j'enrage, & mon dessein
Est de rompre en visière à tout le genre humain.

Nous lui répondrons avec Ariste...

Ce chagrin Philosophe est un peu trop sauvage,
Je ris des noirs accès où je vous envisage.

Telle est la pureté que nos mœurs ont acquise. C'est ainsi que nous sommes devenus Gens de bien. C'est aux Lettres, aux Sciences & aux Arts à revendiquer ce

Un Sauvage, sans doute, qui prendroit à la lettre toutes nos politesses, & qui croiroit bonnement que tout le monde est son serviteur, parce que tout le monde le lui dit, seroit fort étonné de ne trouver aucun laquais à ses gages

* J'aime, dit Montagne, à contester & discourir, mais c'est avec peu d'hommes & pour moi. Car de servir de spectacle aux Grands, & faire à l'envi parade de son esprit & de son caquet, je trouve que c'est un métier très-méséant à un homme d'honneur. C'est celui de tous nos beaux esprits hors un.

qui leur appartient dans un si salutaire ouvrage. J'ajoûterai seulement une réfléxion; c'est qu'un Habitant de quelques contrées éloignées qui chercheroit à se former une idée des mœurs Européennes sur l'état des Sciences parmi nous, sur la perfection de nos Arts, sur la bienséance de nos Spectacles, sur la politesse de nos manieres, sur l'affabilité de nos discours, sur nos démonstrations perpétuelles de bienveillance, & sur ce concours tumultueux d'hommes de tout âge & de tout état, qui semblent empressés depuis le lever de l'Aurore jusqu'au coucher du Soleil à s'obliger réciproquement ; c'est que cet Etranger, dis-je, devineroit exactement de nos mœurs le contraire de ce qu'elles sont.

parmi ses honnêtes serviteurs. Mais quand il compareroit ensuite le fond de la vie & des mœurs de nos peuples avec ce qui se passe dans sa Nation barbare, quand il seroit en état de comparer les prodiges que les Sciences & les Arts ont inventés pour la sûreté, les besoins & les commodités de la vie, pour l'amusement & le bonheur des hommes, avec la pauvreté & la misére affreuse de ses compatriotes exposés aux injures de toutes les saisons, vivans de chasse, de pêche, & de ce que la terre donne d'elle-même, & mourans de faim, de froid, ou des maladies les plus aisées à guérir, quand le hazard & la nature, leurs seules ressources, leur manquent au besoin ; quand il seroit assez instruit pour comparer notre Jurisprudence, cette police admirable qui met le Foible & l'Orphelin à l'abri des violences du plus Fort & du plus Méchant, qui fait vivre ensemble des millions d'hommes avec douceur, politesse, égards, services

réciproques, comme le dit si élégamment notre Orateur ; quand il seroit, dis-je, en état de comparer cette harmonie admirable avec les désordres affreux annexés à la barbarie, aux mœurs sauvages, (p. 11 & 12.) alors il se croiroit transporté dans le féjour des Dieux, & il le feroit en effet, par comparaifon avec fon premier état.

Où il n'y a nul effet, il n'y a point de caufe à chercher : mais ici l'effet eft certain, la dépravation réelle, & nos ames fe font corrompues à méfure que nos Sciences & nos Arts fe font avancés à la perfection.

On dit aller à la perfection, & non pas *s'avancer à la perfection,* mais bien s'avancer *vers* la perfection : comme on dit, *aller à Paris,* & non pas *s'avancer à Paris,* mais bien s'avancer *vers* Paris; & la raifon en eft fimple, c'eft que celui qui va à un lieu, eft cenfé l'atteindre, aller jufques-là; au lieu que celui qui s'avance vers quelque chofe, peut fort bien ne faire que quelques pas vers elle, & en refter là. En fait de Sciences, je n'y regarderois pas de fi près, j'y facrifie volontiers la pureté du langage à une expreffion plus nette & plus forte; mais un Orateur doit être fcrupuleux fur la langue.

Dira-t'on que c'eft un malheur particulier à notre âge? Non, Meffieurs; les maux caufés par notre vaine curiofité font auffi vieux que le monde. L'élévation & l'abbaiffement journalier des eaux de l'Océan, n'ont pas été plus régulièrement affujétis au cours de l'Aftre qui nous éclaire durant la nuit, que le fort des mœurs & de la probité au progrès des Sciences & des Arts. On a vu la vertu s'enfuir à méfure que leur lumiere s'élevoit fur notre horizon, & le même phénoméne s'eft obfervé dans tous les temps & dans tous les lieux.

Voilà une déclaration bien formelle du paradoxe que l'Auteur ofe foutenir; fuivons-le dans les prétendues preuves qu'il va donner de propofitions auffi révoltantes & auffi fauffes.

Voyez l'Egypte, cette premiere Ecole de l'Uni-

Ces faits hiftoriques prouvent-ils le moins du monde que l'Egypte

vers, ce climat si fertile sous un ciel d'airain, cette contrée célèbre, d'où Sesostris partit autrefois pour conquerir le Monde. Elle devient la mere de la Philosophie & des beaux Arts, & bien-tôt après, la conquête de Cambise, puis celle des Grecs, des Romains, des Arabes, & enfin des Turcs.

polie par les Sciences & les Arts en fût devenue moins vertueuse pour être devenue plus foible. Cette preuve au contraire ramenée à la vérité nous apprend que l'Egypte conquerante est l'Egypte barbare & féroce ; que l'Egypte conquise est l'Egypte savante, civilisée, vertueuse, assaillie par des peuples aussi barbares & aussi féroces, qu'elle l'étoit elle-même autrefois. Qu'y a-t'il là qui ne soit conforme à la nature & à notre thése ? N'est-il pas dans le cours ordinaire de cette nature, toutes choses égales d'ailleurs . . . .

Que la Férocité terrasse la Vertu.

Voyez la Gréce, jadis peuplée de Heros qui vainquirent deux fois l'Asie, l'une devant Troye & l'autre dans leurs propres foyers. Les

Enervé, passe, mais de mœurs corrompues, c'est une question que notre Orateur n'a pas même effleurée, & que j'ose le défier de prouver.

Lettres naissantes n'avoient point porté encore la corruption dans les cœurs de ses Habitans ; mais le progrès des Arts, la dissolution des mœurs & le joug du Macedonien se suivirent de près ; & la Gréce, toujours savante, toujours voluptueuse, & toujours esclave n'éprouva plus dans ses révolutions que des changemens de maîtres. Toute l'éloquence de Démosthéne ne put jamais ranimer un corps que le luxe & les Arts avoient enervé.

C'est au tems des Ennius & des Térences que Rome, fondée par un Pâ-

Tout le monde sait que Rome doit son origine à une troupe de Brigands rassemblés par le privi-

tre, & illuſtrée par des Laboureurs, commence à dégénérer. Mais après les Ovides, les Catulles, les Martials, & cette foule d'Auteurs obſcénes, dont les noms ſeuls allarment la pudeur, Rome, jadis le Temple de la Vertu, devient le Théatre du crime, l'opprobre des Nations & le jouet des barbares. Cette Capitale du Monde tombe enfin ſous de joug qu'elle avoit impoſé à tant de Peuples, & le jour de ſa chûte fut la veille de celui où l'on donna à l'un de ſes Citoyens le titre d'Arbitre du bon goût.

lége de l'impunité, dans l'enceinte formée par ſon Fondateur. Voilà le germe des Conquerans de la terre, objet des éloges de ce diſcours, en voilà l'échantillon; des ſcélérats réunis par le crime & pour le crime. Je conſeille à notre Orateur de placer ces Héros que nous verrions aujourd'hui expirer par divers ſupplices bien mérités, de les placer, dis-je, vis-à-vis des Ovides & des Catulles, &c.

Que dirai-je de cette Métropole de l'Empire d'Orient, qui par ſa poſition, ſembloit devoir l'être du Monde entier, de cet aſyle des Sciences & des Arts proſcrits du reſte de l'Europe, plus peut-être par ſageſſe que par barbarie.

Voilà un peut-être bien prudent, & bien néceſſaire à cette phraſe; car comment croire que les peuples de l'Europe encore barbares, ayent refuſé avec connoiſſance de cauſe d'admettre les Sciences chez eux? Ils n'avoient pas lu le diſcours de notre Orateur.

Tout ce que la débauche & la corruption ont de plus honteux; les trahiſons, les aſſaſſinats & les poiſons de plus noir; le concours de tous

Toutes ces horreurs prouvent que dans l'Empire le mieux policé, le plus ſavant, il y a des ignorans, il y a des barbares. Tout un Peuple peut-il être ſavant dans le Royaume où les

lés crimes de plus atroce ; voilà ce qui forme le tiſſu de l'Hiſtoire de Conſtantinople ; voilà la ſource pure d'où nous ſont émanées les Lumieres dont notre ſiécle ſe glorifie.

Sciences ſont le plus cultivées ? Tous les hommes ont-ils des mœurs dans les Etats où la Morale la plus pure regne avec le plus de vigueur ? La plus nombreuſe partie des ſujets d'un pareil Etat, eſt toujours privée de la belle éducation ; & il eſt, ſans

doute, encore parmi l'autre, des natures aſſez rebelles pour conſerver leurs paſſions, leur méchanceté, malgré le pouvoir des Sciences & des Arts. Un ſiécle éclairé, policé, eſt plus frappé qu'un autre de ces Anecdotes honteuſes au genre-humain. Il eſt fécond en Hiſtoriens qui ne manquent pas de les tranſmettre à la poſtérité ; mais combien de mille volumes contre un, n'auroit-on pas rempli des noirceurs qui ſe ſont paſſées dans les ſiécles barbares, dans les ſiécles de fer, s'ils n'y avoient pas été trop communs pour mériter attention, ou s'il s'y étoit trouvé des Spectateurs, gens de probité, & en état d'écrire.

Mais pourquoi chercher dans des tems reculés des preuves d'une vérité dont nous avons ſous nos yeux des témoignages ſubſiſtans. Il eſt en Aſie une contrée immenſe où les Lettres honorées conduiſent aux premieres dignités de l'Etat. Si les Sciences épuroient les mœurs, ſi elles apprenoient aux hommes à verſer leur ſang pour la Patrie, ſi elles animoient

Eparer les mœurs, & donner ce que l'Auteur entend ici par *courage,* ſont deux choſes tout-à-fait différentes, & peut-être même oppoſées.

La valeur guerriere eſt de deux ſortes ; l'une que j'appellerai avec l'Auteur *courage,* à ſon principe dans les paſſions vives de l'ame, & un peu dans la force du corps ; celle-ci nous eſt donnée par la nature, c'eſt-elle qui diſtingue le dogue d'Angleterre du barbet & de l'épagneuil ; le propre nom de ce cou-

rage est la *férocité*, & il est par conséquent un vice. La valeur guerriere de la deuxiéme espéce, &
celle qui mérite vraiment le nom
de *Valeur*; est la vertu d'une ame grande & éclairée tout ensemble, qui pénétrée de la justice d'une cause, de la nécessité,
& de la possibilité de la défendre, & la croyant supérieure aux
avantages de sa vie particuliere, expose celle-ci pour obtenir
l'autre, en faisant servir toutes ses lumieres au choix des moyens
prudens qui conduisent à son but. Le courage féroce est la
valeur ordinaire du Soldat; c'est un mouvement impétueux &
aveugle que donne la nature, & qui sera d'autant plus violent,
d'autant plus puissant, que les passions seront plus vives, plus
mutines, qu'elles auront été moins domptées; en un mot,
moins l'individu aura eu d'éducation, plus il sera barbare.
Voilà pourquoi les Rustres des provinces éloignées du centre
d'un état policé, & les Montagnards sont plus courageux que les
Artisans des grandes villes. Il est hors le doute que la culture
des Sciences & des Arts éteint cette espéce de courage, cette
férocité; parce que la soumission, la subordination perpétuelle
qu'impose l'éducation, la Morale qui dompte les passions, les
accoutument au joug, en étouffent le feu, les incendies. De-là
naît la douceur des mœurs, l'équité, la vertu; mais aux dépens de la férocité qui fait le bon soldat. L'art de raisonner,
peut devenir un très-grand mal dans celui qui ne doit avoir
que le talent d'agir. Que deviendroient la plûpart des expéditions guerrieres, si le soldat y raisonnoit aussi juste que l'âne
de la Fable....

le courage; les Peuples
de la Chine devroient
être sages, libres & in-
vincibles.

> Et que m'importe à qui je sois?
> *Battez-vous*, & me laissez paître:
> Notre ennemi, c'est notre maître,
> Je vous le dis en bon François.
>   *La Fontaine*, Fabl. 8. l. VI.

Rois de la terre, dont la fageffe doit employer utilement juſqu'aux vices, ne travaillez pas à conſerver à vos peuples la férocité, mais choififfez les bras de vos armées dans la partie de vos ſujets la moins polie, la plus barbare, la moins ver-tueuſe, vous n'aurez encore que trop à choiſir, quelque pro-tection que vous accordiez aux ſciences & aux arts ; mais cher-chez la tête qui doit conduire ces bras, cherchez-la au tem-ple de Minerve, Déeffe des armes & de la fageffe tout enſem-ble, parmi ces ſujets dont l'ame auffi éclairée que forte, ne connoît plus les grandes paffions que pour les transformer en grandes vertus, ne reffent plus ces mouvemens impétueux de la nature, que pour les employer à entreprendre & à exécuter les plus grandes choſes.

Des notions que je viens de donner du courage, & je les crois très-faines, & priſes dans la nature ; il réfulte qu'une armée toute faite d'un peuple policé, une armée toute compoſée de Bourgeois, d'Artiſans, de Grammairiens, de Rheteurs, de Muficiens, de Peintres, de Sculpteurs, d'Academiciens du pre-mier mérite même, & de la vertu la plus pure, feroit une armée fort peu rédoutable. Telle étoit apparemment en partie celle que les Chinois, les Egyptiens, très-favans & très-po-licés ont oppoſé aux incurfions des Barbares ; mais cette ar-mée, toute pitoyable qu'elle eſt, n'eſt telle que parce qu'elle eſt compoſée d'un trop grand nombre d'honnêtes gens, d'un trop grand nombre de gens humains & raiſonnables, de gens qui diſent . . . .

> Eſt un grand fou qui de la vie
> Fait le plus petit de ſes ſoins,
> Auffitôt qu'on nous l'a ravie,
> Nous en valons de moitié moins.
>
> . . . .
>
> Par ma foi c'eſt bien peu de chóſe
> Qu'un demi Dieu quand il eſt mort.
> Du moment que la fiere Parque

Nous a fait entrer dans la barque,
Où l'on ne reçoit point le corps;
Et la gloire & la renommée
Ne font que fonge & que fumée,
Et ne vont point jufques aux morts.

Voiture, tom. 2.

Au moins nous ferons en droit de croire, que ces guerriers devenus lâches à force de favoir & de politeffe, n'en étoient pas moins remplis de raifon, d'humanité & de vertu, jufqu'à ce que l'Auteur du Difcours nous ait bien prouvé qu'on ne peut être à la fois honnête-homme & poltron.

Mais s'il n'y a point de vice qui ne les domine, point de crime qui ne leur foit familier ; fi les lumieres des Miniftres, ni la prétendue fageffe des Loix, ni la multitude des Habitans de ce vafte Empire, n'ont pu le garantir du joug du Tartare ignorant & groffier, de quoi lui ont fervi tous fes Savans ? Quel fruit a-t'il retiré des honneurs dont ils font comblés ? Seroit-ce d'être peuplé d'efclaves & de méchans.

Oppofons à ces tableaux celui des mœurs du petit nombre de Peuples qui, préfervés de cette contagion des vai-

L'Auteur confond par-tout la vertu guerriere du foldat, la férocité avec la véritable vertu, la probité, la juftice. En fuivant fes principes, on croiroit les foldats plus vertueux que leurs Officiers ; les payfans plus gens de bien que leurs Seigneurs, & l'on crieroit à l'injuftice, de voir que nos tribunaux ne font occupés que de la punition de ces plus honnêtes gens-là. Je ne préfume pas que le Difcours de notre Orateur faffe reformer ces dénominations univerfellement reçues, & vraifemblablement bien fondées, par lefquelles on diftingue communément les hommes de la fociété en deux claffes ; l'une fans naiffance, fans éducation, & qu'en conféquence on défigne par des épithètes qui marquent qu'elle a peu de fentimens, peu d'honneur

nes connoissances ont par leurs vertus fait leur propre bonheur & l'e-. xemple des autres Nations. Tels furent les premiers Perses, Nation singulière chez laquelle on apprenoit la vertu comme chez nous on apprend la Science; qui subjugua l'Asie avec tant de facilité, & qui seule a eu cette gloire que l'histoire de ses institutions ait passé pour un Roman de Philosophie : Tels furent les Scithes, dont on nous a laissé de si magnifiques éloges : Tels les Germains, dont une plume, lasse de tracer les crimes & les noirceurs d'un Peuple instruit, opulent & voluptueux, se soulageoit à peindre la simplicité, l'innocence & les vertus. Telle avoit été Rome même dans les tems de sa pauvreté & de son ignorance. Telle enfin s'est montrée jusqu'à nos jours cette nation rustique si vantée pour son courage que l'adversité n'a pu abbatre, & pour sa fidelité que l'exemple n'a pu corrompre. *

& de probité ; l'autre bien née & instruite de toutes les parties des Sciences & des Arts qui entrent dans la belle éducation, & que pour cette raison on regarde comme la classe des *honnêtes gens.*

*Je n'ose parler de ces Nations heureuses qui ne connoissent pas même de nom les vices que nous avons tant de peine à reprimer, de ces sauvages de l'Amerique dont Montagne ne balance point à préférer la simple & naturelle police, non-seulement aux Loix de Platon, mais même à tout ce que la Philosophie pourra jamais imaginer de plus parfait pour le gouvernement des peuples. Il en cite quantité d'exemples frappans pour qui les sauroit admirer : Mais quoi ! dit-il, ils ne portent point de chausses !

Quand on a vu le portrait que notre Orateur fait des désordres que cause l'art de polir les nations, & d'y établir l'harmonie ; on sait ce qu'on doit penser des portraits flatteurs que Montagne nous a laissés des Barbares.

D'un pinceau délicat l'artifice agréable
Du plus affreux objet, fait un objet aimable.
Boileau, art Poëtiq.

Mais que tous ces raisonnemens s'évanouissent bien-tôt dès qu'on les approfondit. Les mots de pure nature, de simple *nature*, de *Sauvages gouvernés* uniquement par elle ; le regne d'Aftrée, les mœurs du fiécle d'or, font des expreffions qui préfentent à l'imagination les plus belles idées ; c'eft grand dommage qu'il n'y ait dans tous ces tours fleuris que de l'imagination. Il n'eft point dans la vraie nature que la race humaine toute brute foit meilleure que quand elle eft cultivée ; je l'ai déja prouvé ; je vais confirmer cette vérité par une nouvelle preuve qui auroit trop chargé la note déja fort ample donnée fur cet article. Toute la queftion de la prééminence entre les Anciens & les Modernes étant une fois bien entendue, dit M. de Fontenelles, fe réduit à favoir fi les arbres qui étoient autrefois dans nos campagnes, font plus grands que ceux d'aujourd'hui. J'ofe croire encore plus jufte l'application de cette analogie à notre queftion, qu'on peut affurer qu'elle fe réduit à favoir, fi les productions de la terre fans culture, font préférables à celles qu'elle fournit lorfqu'elle eft bien cultivée. Qu'eft-ce que la pure nature, la fimple nature, je vous prie, dans les arbres, dans les plantes en général ? Que font-ils dans cet état ? Des fauvageons indignes, incapables même de fournir à nos alimens, & il a fallu que le génie de l'homme inventât l'agriculture, le jardinage pour rendre ces productions de la terre propres à fervir de pâture aux hommes. Il a fallu greffer fur ces fauvageons de ces efpéces heureufes qui étoient fans doute les plus rares, & qu'on peut comparer à ces grands génies, à ces ames peu communes qui ont inventé les Sciences & les Arts. Il a fallu les placer en certains terrains, à certaines expofitions, les élaguer, les émonder de certaines fuperfluités, de certaines parties nuifibles ; donner à la terre qui les environne une certaine préparation, une certaine façon, dans certaines faifons. Je ne crois pas qu'il fe trouve de mortel qui ofe dire que toutes ces parties de l'agriculture ne font pas utiles, néceffaires

à

à la production & à la perfection des fruits de la terre * ; comment donc pourroit-il s'en trouver d'assez peu raisonnables pour avancer, que cet Art, loin d'être utile à ces fruits, tend au contraire à les rendre moins abondans & moins bons ? Voilà pourtant exactement le cas de ceux qui soutiennent que les Sciences & les Arts, la culture de l'esprit & du cœur, introduisent chez nous la dépravation des mœurs.

On peut penser qu'il y a des hommes nés avec tant de lumieres, tant de talens, une si belle ame, que la culture leur devient inutile. Si vous y refléchissez, vous conviendrez que les plus heureux naturels, ces hommes mêmes qu'on doit choisir pour greffer sur les autres, si l'on peut dire ; ceux-là, dis-je, ont encore besoin de culture, ou au moins on ne sauroit nier, qu'ils ne deviennent encore plus vertueux, plus capables, plus utiles, s'ils sont cultivés par les Sciences & les Arts, comme l'arbre du meilleur *acabit* devient plus fertile & plus excellent encore, s'il est placé dans le terrein qui lui est plus convenable, dans l'espalier le mieux exposé, & s'il est, pour ainsi dire, traité par le jardinier le plus habile.

Fortes creantur fortibus & bonis.

. . . .

Doctrina sed vim promovet insitam,
Rectique cultus pectora roborant.

Horat. od. IV. L. IV.

Appuyons ces raisonnemens du suffrage d'un homme dont les lumieres & le jugement méritent des égards. » J'avoue » dit Ciceron, qu'il y a eu plusieurs hommes d'un merite

---

* *Quod nisi & assiduis terram insectabere rastris,*
Et sonitu terrebis aves & ruris opaci
Falce premes umbras, votisque vocaberis imbrem ;
Heu, magnum alterius frustrà spectabis acervum ;
Concussaque famem in silvis solabere quercu.

Virgil. georg. l. 1. v. 155.

C

» superieur, sans science, & par la seule force de leur naturel
» presque divin ; J'ajouterai même, qu'un bon naturel sans la
» science , a plus souvent réussi que la science sans un bon na-
» turel; mais je soutiens aussi , que quand à un excellent naturel on joint la science , la culture , il en résulte ordinai-
» rement un homme d'un mérite tout-à-fait supérieur. Tels
» ont été, ajoute-t-il, Scipion l'Africain , Lælius , les très-
» Savant Caton l'ancien , &c. qui ne se seroient point avisés
» de développer leurs vertus par la culture des sciences , s'ils
» n'avoient été bien persuadés qu'elle les conduisoit à cette
» fin louable. *

. . . . Alterius sic
Altera poscit opem res , & conjurat amicè.
Horat. art poët. v. 409.

Ce n'est point par stu-pidité que ceux-ci ont préféré d'autres exercices à ceux de l'esprit. Ils n'ignoroient pas que dans d'autres contrées , des hommes oisifs pas-soient leur vie à disputer sur le souverain bien , sur le vice & sur la vertu , & que d'orgueilleux raison-neurs, se donnant à eux-	On est tenté de croire que l'Au-teur plaisante quand il donne ces anecdotes historiques pour des traits de sagesse. Celle des Ro-mains , qui chassent les Médecins est bonne à joindre au Médecin malgré lui , & aux autres badina-ges de Moliere contre la Faculté. Si les Dieux mêmes n'appelloient pas du Tribunal intégre des Athé-niens ; c'étoit donc dans ses accès

* Ego multos homines excellenti animo ac virtute fuisse , & sine doctrinâ, naturæ ipsius habitu propè divino, per se ipsos & moderatos & graves ex-titisse fateor. Etiam illud adjungo , sæpius ad laudem atque virtutem naturam sine doctrinâ ; quàm sine naturâ valuisse doctrinam. Atque idem ego contendo, cùm ad naturam eximiam atque illustrem accesserit ratio quædam , confirmatioque doctrinæ ; tum illud nescio quid præclarum ac singulare solere existere. Ex hoc esse hunc numero , quem patres nostri viderunt divinum hominem Africa-mum ; ex hoc C. Lælium, L. Furium, moderatissimos homines & constantis-simos : ex hoc fortissimum virum , & illis temporibus doctissimum M. Cato-nem illum senem ; qui profectò, si nihil ad percipiendam, colendamque vir-tutem litteris adjuvarentur , nunquam se ad earum studium contulissent.
Cicero, pro Arc. poët. p. 11 ex edit. Glasg.

mêmes les plus grands éloges, confondoient les autres Peuples sous le nom meprisant de barbares ; mais ils ont considéré leurs mœurs & appris à dédaigner leur doctrine. *

de folie que ce peuple s'en écartoit. On n'a jamais rapporté serieusement, pour décrier des choses regardées comme excellentes, divines, les incartades & les insultes d'un peuple plus tumultueux & plus orageux que la mer. Passeroit-on pour raisonnable, si l'on vouloit prouver qu'Alcibiades & Themistocles les plus grands hommes de la Grèce étoient des lâches & des traîtres, parce que les Athéniens les ont exilés & condamnés à mort? Qu'Aristide, surnommé le Juste, le plus homme de bien que la République ait jamais eu, dit Valere Maxime, ait été un infame, parce que cette même Republique l'a banni? Ces trames séditieuses, ces bourasques du peuple, dont la jalousie, l'inconstance, & l'étourderie font les seuls mobiles, ne prouvent-elles pas plutôt le mérite supérieur & l'excellence de l'objet de leur fureur ? Que t'a fait Aristide, dit ce Sage lui-même à un Athénien de l'assemblée qui le condamnoit ? Rien, lui répond le Conjuré, je ne le connois pas même ; mais je m'ennuye de l'entendre toujours appeller le Juste. Voilà de ces gens raisonnables sur lesquels notre Orateur fonde ses preuves.

* De bonne foi, qu'on me dise quelle opinion les Atheniens mêmes devoient avoir de l'éloquence quand ils l'écarterent avec tant de soin de ce Tribunal intégre des Jugemens duquel les Dieux mêmes n'appelloient pas? Que penfoient les Romains de la Médecine, quand ils la bannirent de leur République ? Et quand un reste d'humanité porta les Espagnols à interdire à leurs Gens de-Loi l'entrée de l'Amerique, quelle idée falloit-il qu'ils eussent de la Jurisprudence ? Ne diroit-on pas qu'ils ont cru reparer par ce seul Acte tous les maux qu'ils avoient faits à ces malheureux Indiens.

Oublierois-je que ce fut dans le sein même de la Grèce qu'on vit s'élever cette Cité aussi célèbre par

Le but de Licurgue étoit moins de faire des honnêtes gens que des soldats dans un pays qui en avoit grand besoin, parce qu'il étoit peu

son heureuse ignorance, que par la sagesse de ses Loix, cette République de demi-Dieux plutôt que d'hommes? tant leurs vertus sembloient supérieures à l'humanité. O Sparte! opprobre éternel d'une vaine doctrine! Tandis que les vices conduits par les beaux Arts s'introduisoient ensemble dans Athènes, tandis qu'un Tyran y rassembloit avec tant de soin les ouvrages du Prince des Poëtes, tu chassois de tes murs les Arts & les Artistes, les Sciences & les Savans.

étendu, peu peuplé. Par cette raison toutes les loix de Sparte visoient à la barbarie, à la férocité plutôt qu'à la vertu. C'est pour arriver à ce but qu'elles éteignoient dans les peres & meres les germes de la tendresse naturelle, en les accoutumant à faire perir leurs propres enfans, s'ils avoient le malheur d'être nés malfaits, foibles ou infirmes. Que de grands hommes nous aurions perdus, si nous étions aussi barbares que les Spartiates! C'est pour lemême dessein qu'ils enlevoient les enfans à leurs parens, & les faisoient élever dans les Ecoles publiques où ils les instruisoient à être voleurs & à expirer sous les coups de fouets, sans donner le moindre signe de repentir, de crainte ou de douleur. Ne croiroit-on pas voir l'illustre Cartouche, ce Licurgue des scélerats de Paris, donner à ses sujets des leçons d'adresse dans son art, & de patience dans les tortures qui les attendent? O Sparte! ô opprobre éternel de l'humanité! Pourquoi t'occupes-tu à transformer les hommes en tigres? Ta politique digne des Titans tes Fondateurs, * te donne des soldats! D'où vient donc les Athéniens tes voisins, si humains, si policés t'ont-ils battu tant de fois? D'où vient as-tu recours à eux dans les incursions des Perses? D'où vient les Oracles te forcent-ils à leur demander un Général! Insensée, tu mets tout le Corp. de ta République en bras, & ne lui donnes point de tête. Tu ne saurois mettre tes Chefs

* Selon le Pere Pezron.

en parallele avec les deux Ariſtomènes, les Alcibiades, les
Ariſtides, les Themiſtocles, les Cimons, &c. enfans d'A-
thenes, enfans des beaux Arts, & les principaux Auteurs
des plus éclatantes victoires qu'ait jamais remporté la Gréce.
Tu ignores donc que c'eſt du conducteur d'une armée que
dépendent principalement ſes exploits, que le Général fait le
ſoldat, & que le hazard ſeul a pu rendre quelquefois heureux des Généraux barbares, contre des nations ſurpriſes &
ſans diſcipline *. Mais ce heros immortel qui vous a tous
effacés, qui vous a tous ſubjugués, & avec vous ces Per-
ſes, ces peuples de l'Orient qui vous avoient tant de fois
fait trembler, ceux mêmes que vous ne connoiſſiez pas, &
juſques aux Scythes ſi renommés pour leur ignorance, leur
ruſticité & leur bravoure; ce conquérant auſſi magnanime que
courageux étoit-il un barbare comme vous? Etoit-il un diſ-
ciple de Licurgue? Non, certes, la férocité n'eſt pas capable d'une ſi grande élevation d'ame, elle eſt reſervée à l'E-
leve d'Homere & d'Ariſtote, au Protecteur des Appelles &
des Phidias; comme on voit dans notre ſiécle qu'elle eſt
encore annexée aux Princes éleves des Deſcartes, des New-
tons, des Volfs; aux Princes fondateurs & protecteurs des
Académies; aux Princes amis des Savans, & Savans eux-
mêmes. Toute l'Europe m'entend, & je ne crains pas qu'elle
deſavoue ces preuves recentes, actuelles même, de l'union intime & naturelle du ſavoir, de la vraie valeur & de l'équité.

L'événement marqua
cette différence. Athènes
devint le ſéjour de la
politeſſe & du bon goût,
le pays des Orateurs &
des Philoſophes. L'élé-
gance des Bâtimens y

Il ſied bien à Socrate fils de
Sculpteur, grand Sculpteur lui-
même, & plus grand Philoſophe
encore, de dire que perſonne n'i-
gnore plus les Arts que lui, de
faire l'éloge de l'ignorance, de ſe
plaindre que tous les gens à ta-

* Le Czar Pierre I. eſt une preuve recente de cette vérité.

répondoit à celle du langage. On y voyoit de toutes parts le marbre & la toile animés par les mains des Maîtres les plus habiles. C'est d'Athénes que sont sortis ces ouvrages surprenans qui serviront de modéles dans tous les âges corrompus. Le Tableau de Lacedemone est moins brillant. Là, disoient les autres Peuples, les hommes naissent vertueux, & l'air même du Pays semble inspirer la vertu. Il ne nous reste de ses Habitans que la mémoire de leurs actions héroïques. De tels monumens vaudroient-ils moins pour nous que les marbres curieux qu'Athénes nous a laissés?

lens ne sont rien moins que sages. N'est-il pas lui-même une preuve du contraire? Prêcheroit-il si bien la vertu, auroit-il été le pere de la Philosophie, & un des plus sages d'entre les hommes, au jugement de l'Oracle même, s'il avoit été un ignorant? Socrate fait ici le personnage de nos Prédicateurs, qui trouvent leur siécle le plus corrompu de tous ceux qui l'ont précedé, *ô tempora, ô mores*, & qui par zéle pour les progrès de la vertu, exagerent & les vices du tems, & l'opinion modeste qu'ils ont d'eux-mêmes.

Quelques sages, il est vrai, ont resisté au torrent général & se sont garantis du vice dans le séjour des Muses. Mais qu'on écoute le jugement que le premier & le plus malheureux d'entre eux portoit des Savans & des Artistes de son tems.

,, J'ai examiné, dit-il, les Poëtes, & je les regarde
,, comme des gens dont le talent en impose à eux-mêmes
,, & aux autres, qui se donnent pour sages, qu'on prend
,, pour tels & qui ne sont rien moins.

,, Des Poëtes, continue Socrate, j'ai passé aux Artis-
,, tes. Personne n'ignoroit plus les Arts que moi; per-
,, sonne n'étoit plus convaincu que les Artistes possédoient
,, de fort beaux secrets. Cependant, je me suis apperçu
,, que leur condition n'est pas meilleure que celle des Poë-
,, tes & qu'ils sont, les uns & les autres, dans le même

,, préjugé. Parceque les plus habiles d'entre eux excel-
,, lent dans leur Partie, ils se regardent comme les plus
,, sages des hommes. Cette présomption a terni tout-à-fait
,, leur savoir à mes yeux : De sorte que me mettant à la
,, place de l'Oracle & me demandant ce que j'aimerois le
,, mieux être, ce que je suis ou ce qu'ils sont, savoir ce
,, qu'ils ont appris ou savoir que je ne sais rien ; j'ai ré-
,, pondu à moi-même & au Dieu : Je veux rester ce que
,, je suis.

,, Nous ne savons, ni les Sophistes, ni les Poëtes, ni
,, les Orateurs, ni les Artistes ni moi, ce que c'est que le
,, vrai, le bon & le beau : mais il y a entre nous cette
,, différence, que, quoique ces gens ne sachent rien, tous
,, croyent savoir quelque chose : Au lieu que moi, si je ne
,, sais rien, au moins je n'en suis point en doute. De sorte
,, que toute cette supériorité de sagesse qui m'est accordée
,, par l'Oracle, se réduit seulement à être bien convaincu
,, que j'ignore ce que je ne sais pas.

Voilà donc le plus Sage des hommes au Jugement des
Dieux, & le plus savant des Athéniens au sentiment de
la Gréce entiere, Socrate faisant l'Eloge de l'ignorance !

Croit-on que s'il res- Nous convenons que les beaux
suscitoit parmi nous, nos Arts amolissent cette espéce de
Savans & nos Artistes courage qui dépend de la férocité,
lui feroient changer d'a- mais ils nous rendent d'autant plus
vis ? Non, Messieurs, vertueux, d'autant plus humains.
cet homme juste conti-
nueroit de mépriser nos vaines Sciences ; il n'aideroit point
à grossir cette foule de livres dont on nous inonde de toutes
parts, & ne laisseroit, comme il a fait, pour tout
precepte à ses disciples & à nos Neveux, que l'exemple
& la mémoire de sa vertu. C'est ainsi qu'il est beau d'instruire les hommes !

Socrate avoit commencé dans Athènes, le vieux Caton
continua dans Rome de se déchaîner contre ces Grecs

artificieux & subtils qui séduisoient la vertu & amollissoient le courage de ses concitoyens.

Mais les Sciences, les Arts & la dialectique prévalurent encore : Rome se remplit de Philosophes & d'Orateurs ; on négligea la discipline militaire, on méprisa l'agriculture, on embrassa des Sectes & on oublia la Patrie.

Rome a tort de négliger la discipline militaire & de mépriser l'agriculture, & notre Orateur d'attribuer ce malheur aux sciences & aux Arts. L'ignorance & la paresse en sont des causes bien naturelles.

Caton avoit raison de se déchaîner contre des Grecs artificieux, subtils, corrupteurs des bonnes mœurs ; mais les Sciences & les Arts n'ont aucune part, ni à cette corruption, ni à la colere de Caton, qui lui-même étoit très-Savant, & aussi distingué par son ardeur pour les Lettres & les Sciences, que par sa vertu austére, selon le témoignage de Cicéron cité pag. 38.

Aux noms sacrés de liberté, de désintéressement, d'obéissance aux Loix, succederent les noms d'Epicure, de Zenon, d'Arcesilas. Depuis que les Savans ont commencé à paroître parmi nous, disoient leurs propres Philosophes, les gens de bien se font éclipsés. Jusqu'alors les Romains s'étoient contentés de pratiquer la vertu ; tout fut perdu quand ils com-

Le talent de Rome a été dans les commencemens d'assembler des gens sans mœurs, des scelerats, de tendre des embûches aux peuples voisins par des fêtes & des cérémonies religieuses que tous ces honnêtes gens ont toujours fait servir à leurs vues, & de perpétuer par-là l'espéce & les maximes de ces brigands. Devenus plus célébres & plus connus dans le monde, il a fallu se montrer sûr ce théâtre avec des couleurs plus séduisantes, sous les apparences au moins de l'honneur & de la vertu.

menèrent à l'étudier.

O Fabricius ! qu'eût pensé votre grande ame, si pour votre malheur rappellé à la vie, vous eussiez vu la face pompeuse de cette Rome sauvée par votre bras & que votre nom respectable avoit plus illustrée que toutes ses conquêtes ? ,, Dieux ! eussiez-vous ,, dit, que sont devenus ,, ces toits de chaume & ,, ces foyers rustiques ,, qu'habitoient jadis la ,, modération & la ver- ,, tu ? Quelle splendeur ,, funeste a succédé à la ,, simplicité Romaine ? ,, Quel est ce langage

Le peuple Romain se donna donc pour le Protecteur de tous les peuples qui recherchoient son alliance, & imploroient son secours; mais le traître se fit bientôt le maître de ceux qui ne l'avoient voulu que pour amis. Voilà la vertu de Rome & de Caton. Qui dit conquerant, dit pour l'ordinaire injuste & barbare ; cette maxime est surtout vraie pour Rome ; & si cette fameuse ville a produit de grands hommes , a montré des vertus rares, elle les a degradées en les employant à commettre les injustices & les cruautés sans nombre, par lesquelles elle a desolé & envahi l'univers.

,, étranger ? Quelles sont ces mœurs efféminées ? Que ,, signifient ces statues, ces Tableaux, ces édifices ? In- ,, sensés , qu'avez-vous fait ? Vous , les Maîtres des Na- ,, tions , vous vous êtes rendus les esclaves des hommes ,, frivoles que vous avez vaincus ? Ce sont des Rhéteurs qui ,, vous gouvernent ? C'est pour enrichir des Architectes , ,, des Peintres , des Statuaires & des Histrions , que vous ,, avez arrosé de votre sang la Grèce & l'Asie ? Les dé- ,, pouilles de Carthage sont la proie d'un joueur de flûte ? ,, Romains, hâtez-vous de renverser ces Amphithéâtres ; ,, brisez ces marbres ; brûlez ces tableaux ; chassez ces es- ,, claves qui vous subjuguent , & dont les funestes arts ,, vous corrompent. Que d'autres mains s'illustrent par de ,, vains talens ; le seul talent digne de Rome , est celui ,, de conquérir le monde & d'y faire régner la vertu.

„ *Quand Cyneas prit*
„ *notre Sénat pour une*
„ *Assemblée de Rois, il*
„ *ne fut ébloui ni par*
„ *une pompe vaine, ni*
„ *par une élégance re-*
„ *cherchée. Il n'y enten-*
„ *dit point cette éloquen-*
„ *ce frivole, l'étude &*
„ *le charme des hommes*
„ *futiles. Que vit donc*
„ *Cyneas de si majes-*
„ *tueux? O Citoyens !*
„ *Il vit un spectacle que*
„ *ne donneront jamais*
„ *vos richesses ni tous vos arts ; le plus beau spectacle qui*
„ *ait jamais paru sous le ciel, l'Assemblée de deux cens*
„ *hommes vertueux, digne de commander à Rome & de*
„ *gouverner la terre.*

On vient de voir de quelle espéce étoit cette vertu. Quant au particulier, s'il y avoit des hommes vertueux, on a vu, p. 38, au rapport de Ciceron même, que cette vertu étoit dûe, au moins en partie, à la culture des Lettres & des Sciences, puisqu'il donné le nom de très-savant à Caton l'ancien, & qu'il cite Scipion l'Africain, Lælius, Furius &c. les Sages de Rome, comme gens distingués dans les Sciences.

Mais franchissons la distance des lieux & des tems, & voyons ce qui s'est passé dans nos contrées & sous nos yeux ; ou plutôt, écartons des peintures odieuses qui blesseroient notre délicatesse, & épargnons-nous la peine de répéter les mêmes choses sous d'autres noms. Ce n'est point en vain, que j'évoquois les mânes de Fabricius ;

Cela est bon pour le discours. Il n'y a rien de pire que la ciguë, & il n'est que de vivre. On fait l'éloge de notre siécle, en le croyant assez humain pour ne point faire avaler ce breuvage mortel à Socrate ; mais on ne lui rend pas justice en ne le croyant pas assez raisonnable pour ne point mépriser Socrate. Au moins on peut être sûr que le mépris n'auroit pas été général.

& qu'ai-je fait dire à ce grand homme, que je n'eusse pu mettre dans la bouche de Louis XII ou de Henri IV? Par-

mi nous, il est vrai, Socrate n'eût point bu la ciguë ; mais il eût bu dans une coupe encore plus amère, la raillerie insultante, & le mépris pire cent fois que la mort.

Voilà comment le luxe, la dissolution & l'esclavage ont été de tout temps le châtiment des efforts orgueilleux que nous avons faits pour sortir de l'heureuse ignorance où la sagesse éternelle nous avoit placés. Le voile épais dont elle a couvert toutes ses opérations, sembloit nous avertir assez qu'elle ne nous a point destinés à de vaines recherches. Mais est-il quelqu'une de ses leçons dont nous ayons sçû profiter ou que nous ayons négligée impunément ? Peuples, sachez donc une fois que la nature a voulu vous préserver de la science, comme une mere arrache une arme dangereuse des mains de son enfant ; que tous les secrets qu'elle vous cache sont autant de maux dont elle vous garantit, & que la peine que vous trouvez à vous instruire n'est pas le moindre de ses bienfaits. Les hommes sont pervers ; ils seroient pires encore s'ils avoient eu le malheur de naître savans.

Ils seroient nés tels qu'ils se font rendus à force de travail ; ils seroient nés en même tems humains, compatissans, polis & vertueux.

Que ces réflexions sont humiliantes pour l'humanité ! que notre orgueil en doit être mortifié !

Je ne vois pas ce qui doit nous humilier ou mortifier notre orgueil, en pensant, selon les principes de l'Auteur, que nous sommes nés dans une heureuse & innocente ignorance, par laquelle seule nous pouvons être vertueux ; qu'il ne tient qu'à nous de rester dans cet état fortuné, & que la nature même a pris des mesures pour nous y conserver. Il me semble au contraire qu'une si belle prérogative que celle d'être naturellement vertueux, qu'une si grande attention de la part de la

nature à nous la conferver , doivent extrêmement flatter notre
orgueil ; mais fi nous penfons que nous fommes nés brutes,
que nous fommes nés barbares , méchans , injuftes , coupables,
& que nous avons befoin d'une étude & d'un travail de plu-
fieurs années, de toute notre vie même, pour nous rendre bons,
juftes , humains. Oh ! c'eft alors que nous devons être hu-
miliés de voir que par nous - mêmes nous fommes fi pervers,
& de ne pouvoir parvenir à être des hommes , que par un
travail toujours pénible & fouvent douteux.

Quoi ! la probité fe-
roit fille de l'ignorance ?
La fcience & la vertu
feroient incompatibles ?
Quelles conféquences ne
tireroit-on point de ces
préjugés ?

Des conféquences très-défavan-
tageufes à l'Auteur même & à
toutes nos Académies ; mais heureufement les premices du raifonnement font très-fauffes.

Mais pour concilier
ces contrariétés apparen-
tes , il ne faut qu'exa-
miner de près la vanité
& le néant de ces titres
orgueilleux qui nous
éblouiffent, & que nous
donnons fi gratuitement
aux connoiffances hu-
maines. Confidérons donc les Sciences & les Arts en eux-
mêmes. Voyons ce qui doit réfulter de leur progrès,
& ne balançons plus à convenir de tous les points où nos
raifonnemens fe trouveront d'accord avec les inductions
hiftoriques.

Ainfi l'Auteur , pour concilier
des contrariétés apparentes entre
la fcience & la vertu , va prouver que la contrariété eft réelle ,
ou que ces deux qualités font
incompatibles. Voilà une fingu-
liere conciliation.

SECONDE PARTIE.

C'Etoit une ancienne tradition paſſée de l'Egypte en Gréce, qu'un Dieu ennemi du repos des hommes, étoit l'inventeur des ſciences. *

* On voit aiſément l'allégorie de la fable de Prométhée ; & il ne paroît pas que les Grecs qui l'ont cloué ſur le Caucaſe, en penſaſſent guere plus favorablement que les Egyptiens de leur Dieu Teuthus. „ Le Satyre, dit „ une ancienne fable, voulut „ baiſer & embraſſer le feu, la „ premiere fois qu'il le vit ; mais „ Prometheus lui cria : Satyre, „ tu pleureras la barbe de ton „ menton, car il brûle quand on „ y touche. „ C'eſt le ſujet du frontiſpice.

LA Science eſt *ennemie du repos*, ſans doute ; c'eſt par-là qu'elle eſt *amie de l'homme* que le repos corrompt ; c'eſt par-là qu'elle eſt la ſource de la vertu ; puiſque *l'oiſiveté* eſt la mere de tous les vices.

Dans la Fable dont parle l'Auteur, Jupiter jaloux des lumieres & des talens de Prométhée, l'attache ſur le Caucaſe. Ce fait allégorique loin de déſigner l'horreur des Grecs pour le ſavoir, eſt au contraire une preuve de l'eſtime infinie qu'ils faiſoient des ſciences & du génie inventif, puiſqu'ils égalent en quelque ſorte Prométhée à Jupiter, en rendant celui-ci jaloux de cet homme divin, Auteur apparemment des premiers Arts, de l'ébauche des Sciences, l'effet du génie, de ce feu qu'il ſemble que l'homme ait dérobé aux Dieux. Les Romains mêmes, ces enfans de Mars, n'ont pû s'empêcher de rendre aux beaux Arts les hommages qui leur ſont dûs, & le Prince de leurs Poëtes défére aux hommes qui s'y ſont diſtingués, les premiers honneurs dans les champs Eliſées.

Quique pii vates & Phœbo digna locuti,
Inventas aut qui vitam excoluere per artes,
Omnibus his niveâ cinguntur tempora vittâ.

Virgil. Æneid. L. VI. v. 661.

A l'égard du Frontiſpice, je ne vois pas la fineſſe de cette

allégorie. Il eſt tout ſimple que le feu brûle la barbe. L'Auteur veut-il dire qu'il ne faut pas plus ſe fier à l'homme qu'au
feu ? mais il le repréſente nud & ſortant des mains de Prome-
thée , de la nature ; & c'eſt , ſelon lui , le ſeul état dans lequel on puiſſe s'y fier. Veut-il dire qu'on ne connoît pas toute
la fineſſe de ſa Thèſe , de ſon Diſcours , qu'il faut le reſ-
pecter comme le feu ? Ne pourroit-on pas par une allégorie
heaucoup plus naturelle , faire dire à l'homme céleſte qui ap-
proche une torche allumée de la tête de l'homme Statue :
Satire , tu l'admires , tu en es épris , parce que tu ne le connois pas ; apprends Imbecile , que l'objet de tes tranſports n'eſt
qu'une vaine Idole que ce flambeau va reduire en cendres.

Quelle opinion fal-   J'aurois conſeillé à l'Orateur
loit-il donc qu'euſſent   de ſubſtituer un autre mot à
d'elles les Egyptiens mé-   celui de *feuillette.*
mes, chez qui elles étoient
nées ? C'eſt qu'ils voyoient de près les ſources qui les
avoient produites. En effet , ſoit qu'on feuillette *les anna-*
les du monde , ſoit qu'on ſupplée à des chroniques in-
certaines par des recherches philoſophiques , on ne trouvera
pas aux connoiſſances humaines une origine qui réponde
à l'idée qu'on aime à s'en former.

L'aſtronomie eſt née de   L'Aſtronomie eſt fille de l'oiſi-
la ſuperſtition.   veté & du deſir de connoitre ce
                           qui eſt dans l'Univers le plus di-
gne de notre curioſité. Cette ſimple curioſité déja bien noble par elle-même , & capable de préſerver l'homme de tous
les vices attachés à l'oiſiveté , a encore produit dans la ſociété
mille avantages que nos Calendriers , nos Cartes géogra-
phiques , & l'art de naviguer atteſtent à quiconque ne veut
pas fermer les yeux. Voyez ſur l'utilité de toutes les Scien-

ces la célébre Préface que M. de Fontenelle a mis à la tête de l'Histoire de l'Académie.

L'Eloquence, de l'ambition, de la haine, de la flatterie, du menfonge.

Eft-ce à foutenir tous ces vices que Demofthéne & Ciceron ont employé leur éloquence ? Eft-ce à ce déteftable ufage que nos Orateurs, nos Prédicateurs l'employent ? Il en eft qui en abufent, j'en croirai l'Auteur du Difcours fur fa parole ; mais combien plus s'en trouve-il qui la font fervir à éclairer l'efprit & à diriger les mouvemens du cœur à la vertu ? Au moins, c'eft ainfi qu'en penfoit l'Orateur Romain. Il s'y connoiffoit un peu. Ecoutons-le un moment fur cette matiere. Il a examiné à fond la queftion qui eft agitée dans ce Difcours, par rapport à l'éloquence. Il a auffi reconnu qu'on en pouvoit faire un très-mauvais ufage ; mais, tout bien pefé, il conclud que, de quelque côté qu'on confidere le principe de l'éloquence, on trouvera qu'elle doit fon origine aux motifs les plus honnêtes, au raifonnemens les plus fages. * » Quant à fes effets ; quoi de plus noble ? dit-il, de plus généreux ; de » plus grand que de fecourir l'innocent, que de relever l'op- » primé ; que d'être le falut, le libérateur des honnêtes gens, » de leur fauver l'éxil ? Quel autre pouvoir que l'éloquence » a été capable de raffembler les hommes jadis difperfés dans » les forêts, & les ramener de leur genre de vie féroce & » fauvage à ces mœurs humaines & policées qu'ils ont au- » jurd'hui ? Car il a été un temps où les hommes étoient com- » me difperfés & vagabonds dans les champs, & y vivoient » comme les bêtes féroces. Alors ce n'étoit point la *raifon*

---

* *Sæpè & multum hoc mihi cogitavi, boni-ne an mali plus attulerit hominibus & civitatibus copia dicendi, ac fummum eloquentiæ ftudium .... fi voluntas hujus rei ; quæ vocatur eloquentia, five artis, five ftudii, five exercitationis cujufdam, five facultatis à naturâ profectæ confiderare principium, reperiemus id ex honeftiffimis caufis natum, atque optimis rationibus profectum. De Inventione l. 1. p. 5. 6. ex edit. Glafg.*

» qui regloit leur conduite, mais presque toujours la force,
» la violence. Il n'étoit point question de Religion, ni de
» devoirs envers les autres hommes ; on n'y connoissoit point
» l'utilité de la justice, de l'équité. Ainsi *par l'erreur & l'i-*
» *gnorance, les passions aveugles & téméraires étoient seules*
» *dominantes, & abusoient, pour s'assouvir, des forces du corps,*
» *dangereux ministres de leurs violences.* Enfin, il s'éleva des
» hommes sages, grands, dont l'éloquence gagna ces hom-
» mes sauvages, & de feroces & cruels qu'ils étoient, les
» rendit doux & vraiment humains,,. * Voilà une origine
& une fin de l'éloquence bien différente de celle que leur
donne notre Orateur François.

La Géométrie, de l'a-varice.	Fixer les bornes de son champ, le distinguer d'avec celui du voi-sin ; faire, en un mot, une dis-

tribution exacte de la terre à ceux à qui elle appartient ; voilà
les fonctions & l'origine de la Géométrie ordinaire & pratique, & il n'y a là rien que de très-juste, & que nos Tribunaux n'ordonnent tous les jours pour remedier à l'avarice & à
l'usurpation. C'est donc de l'équité & de la droiture qu'est
née la Géométrie.

La

---

* *Quid tam porrò regium, tam liberale, tam munificum, quàm opem ferre supplicibus, excitare afflictos, dare salutem, liberare periculis, retinere homines in civitate? Quæ vis alia potuit aut dispersos homines unum in locum congregare, aut à ferâ agrestique vitâ ad hunc humanum cultum, civilemque deducere?* Cicero de Oratore p. 14. *Nam fuit quoddam tempus, cùm in agris homines passim bestiarum more vagabantur, & sibi victu ferino vitam propagabant; nec ratione animi quidquam, sed pleraque viribus corporis administrabant. Nondum divinæ religionis, non humani officii ratio colebatur.... Non jus æquabile quod utilitatis haberet, acceperat. Ita propter errorem & inscitiam cæca ac temeraria dominatrix animi cupiditas, ad se explendum viribus corporis abutebatur, perniciosissimis satellitibus.... Deinde propter rationem atque orationem studiosius audientes, ex feris & immanibus mites reddidit & mansuetos (vir quidam magnus & sapiens.)* Cicero de Inventione ibid. p. 6. 7. Edition de Glasgov.

La Physique, d'une vaine curiosité ;

La Physique est née de la curiosité, soit ; mais que cette curiosité soit vaine, c'est ce que je ne crois pas que l'Auteur pense. La société est redevable à cette science de l'invention & de la perfection de presque tous les Arts qui fournissent à ses besoins & à ses commodités, &, ce qui ne doit pas être oublié, en étalant aux yeux des hommes les merveilles de la nature, elle éleve leur ame jusqu'à son Auteur.

Toutes, & la Morale même, de l'orgueil humain.

Etoit-ce donc par orgueil que les Sages de la Gréce, les Catons, & ce que j'aurois du nommer avant tous, les divins Missionnaires de la morale chrétienne, prêchoient l'humilité, la vertu ?

Les Sciences & les Arts doivent donc leur naissance à nos vices ; nous serions moins en doute sur leurs avantages s'ils la devoient à nos vertus.

Comme il n'y a point de doute sur l'origine des Sciences & des Arts, dont la plûpart sont des actes ou de vertus, ou tendans à la vertu, leurs avantages sont aussi évidens.

Le défaut de leur origine ne nous est que trop retracé dans leurs objets. Que ferions - nous des Arts, sans le luxe qui les nourrit ?

Le luxe est un abus des Arts, comme un discours fait pour persuader le faux, est un abus de l'éloquence, comme l'yvrognerie est un abus du vin. Ces défauts ne sont pas dans la chose, mais dans ceux qui s'en servent mal.

Sans les injustices des hommes, à quoi serviroit la Jurisprudence ?

C'est-à-dire, si les hommes étoient nés justes, les loix auroient été inutiles ; s'ils étoient nés vertueux, on n'auroit pas eu besoin

D

des regles de la Morale. L'Auteur convient donc que toutes ces Sciences ont été imaginées pour corriger l'homme
né pervers, pour le rendre meilleur.

Que deviendroit l'His-
toire, s'il n'y avoit ni
Tyrans, ni Guerres, ni
Conspirateurs?

Elle en seroit bien plus belle
& bien plus honorable à l'humanité ; elle seroit remplie de la
sagesse des Rois, & des vertus
des sujets ; des grandes & belles

actions des uns & des autres, & ne contenant que des faits
dignes d'être admirés, & imités des Lecteurs, jamais de
crimes, jamais d'horreurs, elle ne pourroit jamais que plaire
& conduire à la vertu, véritable but de l'histoire.

Qui voudroit en un
mot passer sa vie à de
stériles contemplations,
si chacun ne consultant
que les devoirs de l'hom-
me & les besoins de la

Il n'est aucune science de con-
templation stérile ; toutes ont leur
utilité, soit par rapport à celui
qui les cultive, soit à l'égard de
la société.

nature, n'avoit de tems que pour la Patrie, pour les mal-
heureux & pour ses amis?

Sommes - nous donc
faits pour mourir atta-
chés sur les bords du puits
où la vérité s'est retirée?
Cette seule réflexion de-
vroit rebuter dès les pre-
miers pas tout homme qui
chercheroit sérieusement à
s'instruire par l'étude de
la Philosophie.

Il ne faut point rester sur le bord
du puits où s'est retirée la vérité,
il faut y descendre & l'en tirer,
comme ont fait tant de grands
hommes ; ce qu'ils ont fait, un
autre le peut faire. Cete réflexion doit encourager quiconque
en a sérieusement envie.

Que de dangers! que
de fausses routes dans

Investigation. Je ne saurois passer
à un Orateur aussi châtié & aussi

l'investigation des Sciences ?

poli que le nôtre un terme Latin de Clenard francisé. *Investigatio thematis.*

Par combien d'erreurs, mille fois plus dangereuses que la vérité n'est utile, ne faut-il point passer pour arriver à elle ? Le désavantage est visible ; car le faux est susceptible d'une infinité de combinaisons ; mais la vérité n'a qu'une maniere d'être. Qui est-ce d'ailleurs, qui la cherche bien sincérement ? même avec la meilleure volonté, à quelles marques est-on sûr de la reconnoître ? Dans cette foule de sentimens differens, quel sera notre Criterium pour en bien juger * ? Et ce qui est le plus difficile, si par bonheur nous la trouvons à la fin, qui de nous en saura faire un bon usage ?

Si tant de difficultés & d'erreurs environnent ceux qui cherchent la vérité avec les secours que leur prêtent les Sciences & les Arts, que deviendront ceux qui ne la cherchent point du tout ? L'Auteur nous persuadera-t-il qu'elle va chercher qui la fuit, & qu'elle fuit qui la cherche ? C'est tout ce qu'on pourroit croire de l'aveugle fortune. A l'égard du bon usage de la vérité, il n'est pas, ce me semble, beaucoup plus embarrassant que le bon usage de la vertu ; mais une chose qui me paroît plus embarrassante, c'est le moyen de faire un bon usage de l'erreur & du vice où nous sommes plongés sans les lumieres des Sciences & les instructions de la Morale.

Si nos Sciences sont vaines dans l'objet qu'el-

Quoi de plus laborieux qu'un Savant ? La premiere utilité des

---

* Moins on sait, plus l'on croit savoir. Les Péripateticiens doutoient-ils de rien ? Descartes n'a-t-il pas construit l'Univers avec des cubes & des tourbillons ? Et y a-t-il aujourd'hui même en Europe si mince Physicien, qui n'explique hardiment ce profond mystere de l'Electricité, qui sera peut-être à jamais le désespoir des vrais Philosophes ?

Cicero, *1° Acad. post. p. 12.*

D 2

les se proposent, elles sont encore plus dangereuses par les effets qu'elles produisent. Nées dans l'oisiveté, elles la nourrissent à leur tour ; & la perte irréparable du temps, est le premier préjudice qu'elles causent nécessairement à la société. En politique comme en morale, c'est un grand mal que de ne point faire de bien ; & tout Citoyen inutile peut être regardé comme un homme pernicieux.

Sciences est donc d'éviter l'oisiveté, l'ennui & les vices qui en sont inséparables. N'eussent-elles que cet usage, elles deviennent nécessaires, puisqu'elles sont la source des vertus & du bonheur de celui qui les exerce. » Quand » les Sciences ne seroient pas aussi » utiles qu'elles le sont, dit Ciceron, & qu'on ne s'y appliqueroit que pour son plaisir ; vous » penserez, je crois, qu'il n'y a » point de délassement plus noble » & plus digne de l'homme ; car » les autres plaisirs ne sont pas de » tous les temps de tous les âges, » de tous les lieux ; celui de l'é-» tude fait l'aliment de la jeunesse, la joie de vieillards, l'or-» nement de ceux qui sont dans la prospérité, la ressource & la » consolation de ceux qui sont dans l'adversité ; il fait nos dé-» lices à la maison, ne nous embarrasse point quand nous » sommes dehors, passe la nuit avec nous, & ne nous quitte » point en voyage, à la campagne. *

Voilà la premiere & pourtant la moindre utilité des Sciences; point d'oisiveté, point d'ennui, un plaisir doux & tranquille, mais perpétuel ; je dis que c'est-là leur moindre utilité, car celle-ci ne regarde que celui qui s'y applique, & nous avons fait voir que les Sciences sont l'ame de tous les Arts utiles à la

* *Quod si non hic tantus fructus ostenderetur, & si ex his studiis delectatio sola peteretur : tamen, ut opinor, hanc animi remissionem humanissimam & liberalissimam judicaretis ; nam cætera neque temporum sunt neque ætatum omnium, neque locorum. Hæc studia adolescentiam alunt, senectutem oblectant, secundas res ornant, adversis perfugium ac solatium præbent, delectant domi, non impediunt foris, pernoctant nobiscum, peregrinantur, rusticantur.*
Cicero, pro Arc. Poët. p. 12.

fociété, & qu'ainfi le Savant le plus contemplatif en apparence eft occupé du bien public.

Répondez-moi donc, Philofophes illuftres; vous par qui nous favons en quelles raifons les corps s'attirent dans le vuide ; quels font, dans les révolutions des planettes, les rapports des aires parcourues en temps égaux; quelles courbes ont des points conjugués, des points d'infléxion & de rebrouffement ; comment l'homme voit tout en Dieu ; comment l'ame & le corps fe correfpondent fans communication, ainfi que feroient deux horloges ; quels aftres peuvent être habités;

Oui , fans doute. L'aftronomie cultivée par les Géometres rend la Géographie & la navigation plus fures ; on tire des infectes des fecrets pour les arts, pour nos befoins. L'Anatomie des animaux nous conduit à une plus parfaite connoiffance du corps humain , & par conféquent à des principes plus fûrs pour le guérir ou pour le conferver en fanté. La Science de la Phyfique & de la Morale fait que nous fommes mieux gouvernés & moins pervers , & l'harmonie d'un gouvernement où brillent toutes ces Sciences , tous ces Arts, eft ce qui le rend floriffant & redoutable.

quels infectes fe reproduifent d'une manière extraordinaire ? Répondez-moi, dis-je, vous de qui nous avons reçu tant de fublimes connoiffances ; quand vous ne nous auriez jamais rien appris de ces chofes, en ferions-nous moins nombreux, moins bien gouvernés, moins redoutables, moins floriffans ou plus pervers ?

Revenez donc fur l'importance de vos productions ; & fi les travaux des plus éclairés de nos Savans & de nos meilleurs Citoyens nous procurent fi peu d'utilité,

Il eft naturel que nous en penfions encore moins mal que de ceux qui occupent leur loifir à décrier des lumieres & des talens aufquels la France a peut-être encore plus d'obligation qu'à fes armes.

dites-nous ce que nous devons penser de cette foule d'Ecri-
vains obscurs & de Lettrés oisifs , qui dévorent en pure
perte la substance de l'Etat.

Que dis-je , oisifs ?
& plût-à-Dieu qu'ils le
fussent en effet ! Les
mœurs en seroient plus
saines & la société plus
paisible. Mais ces vains
& futiles déclamateurs
vont de tous côtés , ar-
més de leurs funestes
paradoxes ; sapant les
fondemens de la foi, &
anéantissant la vertu. Ils
sourient dédaigneuse-
ment à ces vieux mots
de Patrie & de Religion,
& consacrent leurs ta-
lens & leur Philosophie
à détruire & avilir tout
ce qu'il y a de sacré
parmi les hommes. Non

L'Auteur s'attache encore ici à
l'abus que des sujets pervers font
d'une excellente chose. Mais s'il
y a quelques-uns de ces malheureux , quelle foule d'ouvrages divins n'a-t on pas à leur opposer ,
par lesquels on a renversé les
idoles des payens , demontré le
vrai Dieu , & la pureté de la
morale chrétienne, anéanti les Sophismes des génies depravés dont
parle l'Orateur ? Peut-on citer sérieusement , contre l'utilité des
Sciences , les extravagances de
quelques écervelés qui en abusent?
Et faudra-t il renoncer à bâtir des
maisons,parcequ'il y a des gens assez
foux pour se jetter par les fenêtres!

qu'au fond ils haïssent ni la vertu ni nos dogmes ; c'est
de l'opinion publique qu'ils sont ennemis ; & pour les ra-
mener aux pieds des Autels, il suffiroit de les reléguer par-
mi les Athées. O fureur de se distinguer ! que ne pouvez-vous
point ?

C'est un grand mal
que l'abus du temps.
D'autres maux pires en-
core suivent les Lettres
& les Arts. Tel est le
luxe , né comme eux de

Le luxe & la Science ne vont
point du tout ensemble. C'est toujours la partie ignorante d'un état
qui affecte le luxe ; celui-ci est l'enfant des richesses , & son correc-
tif est le savoir, la Philosophie ,

l'oisiveté & de la vanité des hommes. Le luxe va rarement sans les Sciences & les Arts, & jamais ils ne vont sans lui.

qui montre le néant de ces bagatelles.

Je sai que notre Philosophie, toujours féconde en maximes singulières, prétend, contre l'expérience de tous les siécles, que le luxe fait la splendeur des Etats ; mais après avoir oublié la nécessité des loix somptuaires, osera-t-elle nier encore que les bonnes mœurs ne soient essentielles à la durée des Empires, & que le luxe ne soit diamétralement opposé aux bonnes mœurs? Que le luxe soit un signe certain des richesses ; qu'il serve même si l'on veut à les multiplier : Que faudra-t-il conclure de ce paradoxe si digne d'être né de nos jours ; & que deviendra la vertu, quand il faudra s'enrichir à quelque prix que ce soit ? Les anciens Politiques parloient sans cesse de mœurs & de vertu ; les nôtres ne parlent

Le luxe est un abus des richesses que corrigent les Sciences & la raison ; mais il ne faut pas confondre cet abus, comme le fait l'Auteur, avec le commerce, partie des Arts la plus propre à rendre un état puissant & florissant, & qui n'entraîne pas nécessairement le luxe après elle, comme le croit l'Auteur ; nous en avons la preuve dans nos illustres voisins. L'Angleterre & la Hollande ont un commerce beaucoup plus étendu & plus riche que le nôtre ; portent-ils le luxe aussi loin que nous ? Pourquoi ? C'est que le commerce, loin de favoriser le luxe comme le croit notre Orateur, le reprime au contraire. Quiconque est livré à l'art de s'enrichir & d'agrandir sa fortune, se garde bien de la perdre en folles dépenses. D'ailleurs cette passion de s'enrichir par le commerce n'est pas incompatible avec la vertu. Quelle probité, quelle fidélité admirables regnent parmi les Négocians qui, sans s'être jamais vus, & qui étant si-

que de commerce & d'argent.

tués quelquefois aux extremités de l'univers, se gardent une foi inviolable dans leurs engagemens! Comparez cette conduite avec les ruses, les fourberies, les sceleratesses des Sauvages, entre les mains desquels ils tombent quelquefois dans leurs voyages.

L'un vous dira qu'un homme vaut en telle contrée la somme qu'on le vendroit à Alger ; un autre en suivant ce calcul trouvera des pays où un homme ne vaut rien, & d'autres où il vaut moins que rien. Ils évaluent les hommes comme des troupeaux de bétail. Selon eux, un homme ne vaut à l'Etat que la consommation qu'il y fait. Ainsi un Sybarite auroit bien valu trente Lacédémoniens. Qu'on devine donc laquelle de ces deux Républiques, de Sparte ou de Sybaris, fut subjuguée par une poignée de païsans, & laquelle fit trembler l'Asie.

On convient avec l'Auteur que les richesses, dont l'usage est perverti par le luxe & la molesse, corrompent le courage. Mais tous ces défauts n'ont aucun rapport aux Sciences & aux Arts ; ils n'en sont pas les suites, ainsi que nous l'avons montré ci-devant. Alexandre qui subjugua tout l'Orient avec 30 mille hommes, étoit le Prince le plus savant & le mieux instruit dans les beaux Arts de tout son siécle, & c'est avec ce savoir supérieur qu'il a vaincu ces Scythes si vantés, qui avoient resisté tant de fois aux incursions des Perses, lors même que leurs armées étoient aussi nombreuses que féroces, lors même qu'elles étoient commandées par ce Cyrus le Héros de cette Monarchie.

La Monarchie de Cyrus a été conquise avec trente mille hommes par un Prince plus pauvre que le moindre des Satrapes de Perse ; & les Scythes, le plus misérable de tous les Peuples, ont résisté aux plus puissans Monarques de l'Univers. Deux fameuses Républiques se disputé-

rent l'Empire du Monde ; l'une étoit très-riche , l'autre n'avoit rien , & ce fut celle-ci qui détruifit l'autre.

L'Empire Romain à fon tour , après avoir englouti toutes les richeffes de l'Univers fut la proie de gens qui ne favoient pas même ce que c'étoit que richeffe. Les Francs conquirent les Gaules , les Saxons l'Angleterre fans autres tréfors que leur bravoure & leur pauvreté. Une troupe de pauvres Montagnards dont toute l'avidité fe bornoit à quelques peaux de moutons , après avoir dompté la fierté Autrichienne, écrafa cette opulente & redoutable Maifon de Bourgogne qui faifoit trembler les Potentats de l'Europe. Enfin , toute la puiffance & toute la

L'Auteur confond par-tout là barbarie , la férocité avec la valeur & la vertu ; c'étoit apparemment de bien honnêtes gens que ces Goths , ces Vandales , ces Normands , &c. qui ont defolé toute l'Europe qui ne leur difoit mot ? On voudroit nous faire entendre ici que c'eft par leurs bonnes mœurs & par leurs vertus que ces peuples ont vaincu les peuples policés ; mais toutes les hiftoires atteftent que c'étoient des brigands, des fcélérats , qui fe faifoient un jeu , une gloire du crime , pour lefquels il n'y avoit rien de facré , & qui ont profité des divifions , des revoltes élevées au centre de ces Royaumes polis , dont le moindre réuni & prévenu auroit écrafé ces miférables.

fageffe de l'héritier de Charles-quint , foutenues de tous les tréfors des Indes , vinrent fe brifer contre une poignée de pécheurs de harang. Que nos politiques daignent fufpendre leurs calculs pour refléchir à ces exemples , & qu'ils apprennent une fois qu'on a de tout avec de l'argent, hormis des mœurs & des Citoyens.

Dequoi s'agit-il donc précisément dans cette queftion du luxe ? De fa-

Eft-ce qu'il n'eft pas poffible d'être honnête homme fous un habit galonné? Et faudra-t-il en porter un

voir lequel importe le plus aux Empires d'ê-tre brillans & momen-tanés, ou vertueux & durables. Je dis brillans, mais de quel éclat ? Le goût du faste ne s'associe guères dans les mêmes ames avec celui de l'hon-nête.

de toile pour obtenir cette qualité ? N'ayez donc peur dans nos forêts, que quand vous y rencon-trerez un homme bien doré, bien monté, muni d'armes brillantes, & suivi d'un Domestique en aussi bon équipage, tremblez alors pour votre vie ; vous voilà au pouvoir d'un homme de l'espéce la plus corrompue, abandonné au luxe, aux vices de toutes les espéces ; mais quand vous y trouverez seul à seul un rustre vêtu de bure, chargé d'un mauvais fusil, & sortant des broussailles où il sembloit ca-cher sa misere ; alors ne craignez rien ; cette pauvreté évi-dente vous est un signe assuré que vous rencontrez la vertu même.

Non, il n'est pas pos-sible que des Esprits dé-gradés par une multitude de soins futiles s'élèvent jamais à rien de grand ; & quand ils en auroient la force, le courage leur manqueroit.

Sont-ce les Savans qui s'occu-pent de *soins futiles* ? Sont-ce les gens occupés aux Arts ? Non cer-tes, ce sont les riches ignorans. Cet argument prouve donc con-tre son Auteur.

Tout Artiste veut être applaudi. Les éloges de ses contemporains sont la partie la plus précieuse de sa récompense. Que fera-t-il donc pour les obtenir, s'il a le malheur d'être né chez un peu-ple & dans des temps où

Je connois une infinité de gens qui sont passionnés pour les desseins baroques, pour la difficultueuse musique Italienne qui est du mê-me genre ; pour les ouvrages con-nus sous le nom de gentillesses, & qui sont néanmoins les plus hon-nêtes gens du monde. Leurs

les Savans devenus à la mode ont mis une jeuneffe frivole en état de donner le ton ; où les hommes ont facrifié leur goût aux Tyrans de leur liberté * ; où l'un des féxes n'ofant approuver que ce qui eft proportionné à la pufillanimité de l'autre, on laiffe tomber des chefs - d'œuvres de Poëfie dramatique, & des prodiges d'harmonie font rebutés ? Ce qu'il fera, Meffieurs ? Il rabaiffera fon génie au niveau de fon

mœurs ne fe reffentent point du tout de leur mauvais goût ; il me femble même que je ne vois aucune liaifon entre le goût & les mœurs, parce que les objets en font tout différens.

Le goût fe corrompt, parce que n'y ayant qu'une bonne façon de penfer & d'écrire, de peindre de chanter, &c. & le fiécle précédent l'ayant, pour ainfi dire, épuifée, on ne veut ni le copier, ni l'imiter ; & par la fureur de fe diftinguer, on s'écarte de la belle nature, on tombe dans le ridicule & dans le baroque.

L'efprit qu'on veut avoir gâte celui qu'on a.
Du cœur de la nature, on perd l'heureux langage,
Pour l'abfurde talent d'un trifte perfifflage. GRESSET.

fiécle, & aimera mieux compofer des ouvrages

Dans un genre plus férieux, les génies tranfcendans du fiécle paffé

* Je fuis bien éloigné de penfer que cet afcendant des femmes foit un mal en foi. C'eft un préfent que leur a fait la nature pour le bonheur du Genre-humain: mieux dirigé, il pourroit produire autant de bien qu'il fait de mal aujourd'hui. On ne fent point affez quels avantages naîtroient dans la fociété d'une meilleure éducation donnée à cette moitié du Genre-humain qui gouverne l'autre. Les hommes feront toujours ce qu'il plaira aux femmes : fi vous voulez donc qu'ils deviennent grands & vertueux, apprenez aux femmes ce que c'eft que grandeur d'ame & vertu. Les refléxions que ce fujet fournit, & que Platon a faites autrefois, mériteroient fort d'être mieux développées par une plume digne d'écrire d'après un tel maître & de défendre une fi grande caufe.

L'Auteur fe contredit étrangement. Il veut qu'on donne de l'éducation aux femmes ; il veut qu'on les faffe fortir de l'ignorance. Il a raifon, fans doute ; mais c'eft contre fes principes, felon lefquels, inftruire quelqu'un, & le rendre plus méchant, font des expreffions fynonymes.

communs qu'on admire pendant *fa* vie, que des merveilles qu'on n'admireroit que long-temps après *fa* mort. Dites-nous, célébre Aroüet, combien vous avez *facrifié* de beautés mâles & fortes à notre *fauffe* délicateffe, & comvien l'esprit de la galanterie *fi* fertile en petites chofes vous en a coûté de grandes ?

C'eft ainfi que la diffolution des mœurs, *fuite* néceffaire du luxe, entraîne à *fon* tour la corruption du goût.

ayant enfanté, & exécuté le fublime, le hardi projet de ruiner les folles imaginations des Peripatéticiens, leurs facultés, leurs vertus occultes de toutes les efpéces; on a paffé un demi fiécle à établir la connoiffance des effets phyfiques fur les propriétés connues & évidentes de 'a matiere, fur leurs caufes méchaniques; cmment fe diftinguer par du nouveau après l'établiffement de principes auffi folides, auffi univerfels? Il faut dire qu'ils font trop fimples & abfolument infuffifans; que ces grands hommes étoient de bonnes gens, un peu timbrés, & auffi méchaniques que leurs principes; &

que notre fiécle fpirituel voit, ou au moins foupçonne dans la matiere des propriétés nouvelles qu'il faut toujours pofer pour bafe de la Phyfique, en attendant qu'on les conçoive: propriétés qui ne dépendent ni de l'étendue, ni de l'impénétrabilité, ni de la figure, ni du mouvement, ni d'aucune autre vieille modification de la matiere; propriétés, non pas *occulies*, mais *cachées*, qui élevent cette matiere à quelque chofe d'un peu au-deffus de la matiere, qu'on n'ofe dire tout haut, & qui, dans le vrai, abbaiffent le Phyficien beaucoup au-deffous de cette qualité. Enfin, nos Ayeux étoient gothiques, nos peres amis de la nature, nous fommes finguliers & baroques; nous n'avions que ce parti à prendre pour ne reffembler à aucun des deux.

Mais la Morale n'a aucune part à ce défordre ; on fe fait un plaifir & un honneur de copier, d'imiter les vertus des grands hommes de tous les siécles ; plus il s'en sera écoulé, plus nous en aurons d'exemples, & tant que l'art de les inculquer, c'est-à-dire, tant que les Sciences & les beaux Arts seront en vigueur, les siécles les plus reculés seront toujours les plus vertueux.

Que si par hazard entre les hommes extraordinaires par leurs talens, il s'en trouve quelqu'un qui ait de la fermeté dans l'ame & qui refuse de se prêter au génie de son siécle & de s'avilir par des productions puériles, malheur à lui ! Il mourra dans l'indigence & dans l'oubli. Que n'est-ce ici un pronostic que je fais & non une expérience que je rapporte ! Carle, Pierre ; le moment est venu où ce pinceau destiné à augmenter la majesté de nos Temples par des images sublimes & saintes, tombera de vos mains, ou sera prostitué à orner de peintures lascives les paneaux d'un vis-à-vis. Et toi, rival des Praxiteles & des Phidias ; toi dont les Anciens auroient employé le ciseau à leur faire des Dieux capables d'excuser à nos yeux leur idolâtrie ; inimitable Pigal, ta main se résoudra à ravaller le ventre d'un magot, ou il faudra qu'elle demeure oisive.

Les ouvrages admirables des Le Moine, des Bouchardons, des Adams, des Slodtz pour perpétuer la memoire des plus grands hommes, pour décorer les places publiques, les palais & les jardins qui les accompagnent, sont des monumens qui nous rassurent contre les vaines déclamations de notre Orateur.

On ne peut réfléchir sur les mœurs, qu'on ne se plaise à se rappeller l'image de la simplicité des premiers temps. C'est un

C'est un joli conte de Fée que ce siécle d'Or, & ce mélange des Dieux & des hommes, mais il n'y a plus guère que les enfans & les Rhéteurs plus fleuris que solides

beau rivage , paré des feules mains de la nature , vers lequel on tourne inceſſamment les yeux , & dont on ſe ſent éloigner à regret. Quand les hommes innocens & vertueux aimoient à avoir les Dieux pour témoins de leurs actions , ils habitoient enſemble ſous les mêmes cabanes ; mais bien-tôt devenus méchans , ils ſe laſſerent de ces incommodes ſpectateurs & les réleguerent dans des Temples magnifiques. Ils les en chaſſerent enfin pour s'y établir eux-mêmes;

qui s'en amuſent. Voyez ci-devant pp. 12. 17. 26. 27. 35. 36. 37. 38.

Ou du moins les Temples des Dieux ne ſe diſtinguerent plus des maiſons des Citoyens. Ce fut alors le comble de la dépravation ; & les vices ne furent jamais pouſſés plus loin que quand on les vit , pour ainſi dire, ſoutenus à l'entrée des Palais des Grands ſur des colonnes de marbres, & gravés ſur des chapiteaux Corinthiens.

Les Anciens n'avoient garde de penſer que la culture des Sciences & des Arts , dépravât les mœurs ; que le talent de bâtir des Villes, d'élever des Temples & des Palais, mît le comble aux vices ; quand ils nous ont repréſenté Amphion conſtruiſant les murs de Thébes par les ſeuls accords de ſa lyre ; quand ils nous parlent avec tant de vénération des peuples qui élevent des Temples aux immortels , & des Palais à la majeſté des Souverains légitimes.

Tandis que les commodités de la vie ſe multiplient, que les Arts ſe perfectionnent & que le luxe s'étend ; le vrai courage s'énerve , les vertus militaires s'évanouiſſent , & c'eſt encore l'ou-

Que les Sciences & les Arts énervent le courage féroce , nous en convenons avec l'Auteur , & c'eſt autant de gagné pour l'humanité & la vertu. Mais que la vraie valeur s'éteigne par les lumieres des Sciences & la culture des Arts, c'eſt ce qu'on a refuté amplement

vrage des Sciences & de tous ces Arts qui s'exer- cent dans l'ombre du cabinet.

dans les pages 31. 32. 33. 34. & 41.

Quand les Gots ravagerent la Gréce, toutes les Bibliothéques ne furent sauvées du feu que par cette opinion semée par l'un d'entre eux, qu'il falloit laisser aux ennemis des meubles si propres à les détourner de l'exercice militaire, à les amuser à des occupations oisives & sédentaires. Charles VIII. se vit maître de la Toscane & du Royaume de Naples sans avoir presque tiré l'epée ; & toute sa Cour attribua cette facilité inespérée à ce que les Princes & la Noblesse d'Italie s'amusoient plus à se rendre ingénieux & savans, qu'ils ne s'exerçoient à devenir vigoureux & guerriers. En effet, dit l'homme de sens qui rapporte ces deux traits, tous les exemples nous apprennent qu'en cette martiale police & en toutes celles qui lui sont semblables, l'étude des Sciences est bien plus propre à amollir & efféminer les courages, qu'à les affermir & les animer.

C'est-à-dire, à les rendre moins féroces, à la bonne heure, mais en même temps plus humains & plus vertueux.

Les Romains ont avoué que la vertu militaire s'étoit éteinte parmi eux, à mesure qu'ils avoient commencé à se connoître en Tableaux, en Gravures, en vases d'Orpheyrerie, & à cultiver les beaux arts ; & comme si cette contrée fameuse étoit destinée à servir sans cesse d'exemple aux autres peuples,

L'Auteur remet ici sur le tapis, précisément les mêmes preuves rapportées à la première partie. Nous renvoyons donc le Lecteur à la refutation que nous y avons placée. Nous y ajoûterons seulement que les Génois ont bien fait voir dans la derniere guerre que la valeur n'étoit pas si éteinte en Italie que se l'imagine l'Orateur, & qu'il ne faut à ces peuples que des occasions & de grands Capitaines

l'élévation des Médicis & le rétablissement des Lettres ont fait tomber derechef & peut-être pour pour faire voir à toute l'Europe qu'ils sont toujours capables des plus grandes choses.

toujours cette réputation guerriere que l'Italie sembloit avoir recouvrée il y a quelques siécles.

Les anciennes Répu-bliques de la Gréce avec C'est-à-dire, la férocité.

cette sagesse qui brilloit dans la plûpart de leurs institutions, avoient interdit à leurs Citoyens tous ces métiers tranquilles & sédentaires qui en affaissant & corrompant le corps, énervent si tôt la vigueur de l'ame.

De quel œil, en effet, pense-t-on que puissent envisager la faim, la soif, les fatigues, les dangers & la mort des hommes que le moindre besoin accable, & que Et quel rapport cette vigueur du corps a-t'elle avec la vertu! Ne peut-on pas être foible, déli-cat, peu propre à la fatigue, à la guerre, & vertueux tout ensem-ble!

la moindre peine rebute? Avec quel courage les soldats sup-porteront-ils des travaux excessifs dont ils n'ont aucune habi-tude? Avec quelle ardeur feront-ils des marches forcées sous des Officiers qui n'ont pas même la force de voyager à cheval?

Qu'on ne m'objecte point la valeur renom-mée de tous ces moder-nes guerriers si savam-ment disciplinés. On me vante bien leur bravoure en un jour de bataille, mais on ne me dit point comment ils supportent Tout ce que dit là notre Au-teur, est très-vrai, à un peu d'exa-gération près qui est une licence de l'éloquence comme de la poé-sie. Il est certain qu'on néglige trop l'exercice du corps en France, & qu'on y aime trop ses aises. On n'y voit plus de courses de che-

l'excès

l'excès du travail, comment ils résistent à la rigueur des saisons & aux intempéries de l'air. Il ne faut qu'un peu de soleil ou de neige, il ne faut que la privation de quelques superfluités pour fondre & détruire en peu de jours la meilleure de nos armées.

vaux, on n'y donne plus de prix aux plus adroits à différens exercices, on y détruit tous les jeux de paume ; & c'est-là l'époque des vapeurs qui ont gagné les hommes, & les ont mis de niveau avec les femmes, parce qu'ils ont commencé par s'y mettre par la nature de leurs occupations. Oh ! que notre Orateur frappe sur cet endroit là de notre façon de vivre, je l'appuyerai de mon suffrage ; mais qu'il prétende en conclure que ces hommes, pour être aussi foibles, aussi vaporeux que des femmes, en sont plus dépravés, plus vicieux ; c'est ce que je ne lui accorderai pas ; & fussent-ils femmes tout-à-fait, pourvû que ce soit de la bonne espèce, qui est la plus commune, sans doute ; je n'en aurois que meilleure opinion de leur vertu. Qui ne sait pas que ce sexe est le dévot & le vertueux par excellence ?

Guerriers intrépides, souffrez une fois la vérité qu'il vous est si rare d'entendre ; vous êtes braves, je le sais ; vous eussiez triomphé avec Annibal à Cannes & à Trasiméne ; César avec vous eût passé le Rubicon & asservi son pays ; mais ce n'est point avec vous que le premier eût traversé les Alpes, & que l'autre eût vaincu vos ayeux.

Par malheur pour notre Orateur cette petite éxagération vient un peu trop près de notre derniere guerre d'Italie, où tout le monde sait que nos troupes, sous M. le Prince de Conti, ont traversé les Alpes, après avoir forcé sur la cime de ces montagnes un ennemi puissant commandé par l'un des plus braves Rois du monde ; & il est plus que vraisemblable que les Alpes, du temps d'Annibal, n'étoient pas plus escarpées qu'elles le sont aujourd'hui.

E

Les combats ne font pas toujours le succès de la guerre, & il est pour les Généraux un art supérieur à celui de gagner des batailles. Tel court au feu avec intrépidité, qui ne laisse pas d'être un très-mauvais officier : dans le soldat même, un peu plus de force & de vigueur seroit peut-être plus nécessaire que tant de bravoure qui ne le garantit pas de la mort ; & qu'importe à l'Etat que ses troupes périssent par la fièvre & le froid, ou par le fer de l'ennemi.

Oh ! l'Auteur a raison ; nous ne sommes pas assez robustes. Qu'on renouvelle les jeux Olympiques de toutes les espéces, qu'on renouvelle les courses de chevaux, les courses à pied, les combats d'une lutte un peu plus humaine que l'ancienne, les jeux de paume, les jeux de l'arc, de l'arbalêtre, de l'arquebuse, du fusil ; qu'on les protége, qu'on les ordonne, qu'on y attache des priviléges, des récompenses. Qu'on ajoûte à cela des loix pour la sobriété ; nous aurons des Citoyens, des Soldats aussi robustes que courageux ; & si l'on continue, avec ces réformes, la culture des Sciences & des Arts, toutes choses fort compatibles, nous aurons des Officiers capables de commander à de bons soldats ; deux parties essentielles à une bonne armée.

Si la culture des Sciences est nuisible aux qualités guerrieres, elle l'est encore plus aux qualités morales. C'est dès nos premieres années qu'une éducation insensée orne notre esprit & corrompt notre jugement. Je vois de toutes parts des établissemens immenses, où

Fort bien. J'applaudis à la censure de l'Orateur contre la plûpart des éducations mal dirigées. Mais gardons-nous de regarder un abus particulier, comme une dépravation générale & annexée aux Sciences. *La culture des Sciences est nuisible aux qualités morales ?* Quelle absurdité ! J'ai démontré dans plusieurs notes ci-devant pla-

l'on éleve à grands frais la jeuneſſe pour lui apprendre toutes choſes , excepté ſes devoirs. *Vos enfans ignoreront leur propre langue, mais ils en parleront d'autres qui ne ſont en uſage nulle part : ils ſauront compoſer des Vers qu'à peine ils pourront comprendre : ſans ſavoir demêler l'erreur de la vérité, ils poſſéderont l'art de les rendre méconnoiſſables aux autres par des argumens ſpécieux : mais ces mots de magnanimité , d'équité , de tempérance , d'humanité , de courage, ils ne ſauront ce que c'eſt ; ce doux nom de Patrie ne frapera jamais leur oreille ; & s'ils entendent parler de Dieu, ce ſera moins pour le craindre que pour en a voir peur* *. J'aimerois autant, diſoit un Sage, que mon Ecolier eût paſſé le temps dans un Jeu de Paume ; au moins le corps en ſeroit plus diſpos.

Je ſais qu'il faut occuper les enfans, & que

* Penſ. Philoſoph.

cées, ſur-tout pp. 2. 7. 11. 16. 18. Que la perfection des mœurs étoit le principal effet de cette culture des Sciences ; malheur aux Directeurs de l'éducation de la jeuneſſe qui perdent de vuë cet objet ; je crois que ce déſordre eſt très-rare : mais fût-il encore plus commun ; ce n'eſt pas la faute des Sciences , mais celle des perſonnes deſtinées à les montrer. Les langues mêmes , la partie la moins utile de l'éducation, ne doivent jamais nous écarter de ce but. Les mots étrangers qu'on apprend , expriment ſans doute des choſes ; ces choſes doivent être des Sciences ſolides , & avant tout , celle de la morale ; c'eſt ce qu'on a grand ſoin de faire dans tous les colléges , dans toutes les penſions, & ce qu'on a fait dans tous le ſiécles policés. . . . . .

Adjecere bona paulò plus artis Athenæ ;
Scilicet ut poſſem curvo dignoſcere rectum ;
Atque inter ſylvas Academi quærere verum. Hor. Epit. 2. L. I.

L'Auteur a raiſon, & c'eſt ce que font auſſi les Maîtres , & ſur-

E ij

l'oisiveté est pour eux le danger le plus à craindre. Que faut-il donc qu'ils apprennent? Voilà certes une belle question! Qu'ils apprennent ce qu'ils doivent faire étant hommes*; & non ce qu'ils doivent oublier.

tout les peres & les meres qui ont à cœur, comme ils le doivent, l'éducation de leurs enfans. Mais si notre siécle n'est pas encore aussi parfait qu'il pourroit être; s'il est encore parmi nous des causes de la corruption des mœurs, de la foiblesse du corps, de la molesse; certes c'est la passion qui y regne

pour les jeux sedentaires; passion, que nous tenons principalement de la fréquentation des femmes frivoles qui font heu-

---

* Telle étoit l'éducation des Spartiates, au rapport du plus grand de leurs Rois. C'est, dit Montagne, chose digne de très-grande considération, qu'en cette excellente police de Lycurgus, & à la vérité monstrueuse par sa perfection, si soigneuse pourtant de la nourriture des enfans, comme de sa

L'Auteur ne met donc pas au nombre des Sciences celle de la religion & de la Morale; car voilà ce qu'on enseignoit aux enfans des Rois de Perse, & qu'on ne néglige pas d'apprendre en France aux derniers des paysans mêmes.

principale charge, & au gîte même des Muses, il s'y fasse si peu mention de la doctrine: comme si cette généreuse jeunesse dédaignant tout autre joug, on ait dû lui fournir, au lieu de nos Maîtres de science, seulement des Maîtres de vaillance, prudence, & justice.

Voyons maintenant comment le même Auteur parle des anciens Perses. Platon, dit-il, raconte que le fils aîné de leur succession Royale étoit ainsi nourri. Après sa naissance, on le donnoit, non à des femmes, mais à des Eunuques de la premiere autorité prés du Roi, à cause de leur vertu. Ceux-ci prenoient charge de lui rendre le corps beau & sain, & après sept ans le duisoient à monter à cheval & aller à la chasse. Quand il étoit arrivé au quatorziéme, ils le déposoient entre les mains de quatre; le plus sage, le plus juste, & le plus tempérant, le plus vaillant de la Nation. Le premier lui apprenoit la Religion, le second à être toujours véritable, le tiers à vaincre ses cupidités, le quart à ne rien craindre. Tous, ajoûterai-je, à le rendre bon, aucun à le rendre savant.

Astyage, en Xenophon, demande à Cyrus compte de sa derniere Leçon: C'est, dit-il, qu'en notre école, un grand garçon ayant un petit saye le donna à l'un de ses compagnons de plus

Le bon Montagne radotoit, quand il nous donnoit cette histoire comme une grande merveille. On donne tous les jours le fouet dans nos écoles aux jeunes gens qui se font entr'eux de plus

reufement le plus petit nombre, & qui naît de notre complaifance pour ce fexe enchanteur ; paffion, qui eft fille de l'oifiveté & de l'avarice, & affez amie de toutes les autres, qui remplit la tête de trente mots baroques, & vuides de fens, & pour l'ordinaire aux dépens de la Science, de l'Hiftoire, de la Morale & de la Nature, qu'on fe fait là un honneur d'ignorer. Des efprits fi mal nourris n'ont rien à fe dire, que *bafte*, *ponte*, *manille*, *comette*, &c. Les converfations en cercle fi en ufage, fi eftimées chez nos peres & fi propres à faire paroître les talens, les bonnes mœurs, & à les former chez les jeunes perfonnes, font dans ces jolies affemblées, ou muettes, ou employées à faire des refléxions fur tous les colifichets qui décorent ces Dames, fur toutes les babioles rares que poffédent ces Meffieurs, à compter de jolies avantures, ou inventées, ou au moins bien brodées fur le compte de fon prochain.

> *Là vous trouvez toujours des gens divertiffans ;*
> *Des femmes qui jamais n'ont pu fermer la bouche ;*
> *Et qui fur le prochain vous tirent à cartouche,*
> *Des oififs de métier, & qui toujours chez eux*
> *Portent de tout Paris le lardon fcandaleux.*

Le Joueur de Regnard.

On facrifie à ce plaifir perfide les fpectacles les mieux or-

petite taille, & lui ôta fon faye qui étoit plus grand. Notre précepteur m'ayant fait juge de ce différend, je jugeai qu'il falloit laiffer les chofes en cet état, & que l'un & l'autre fembloit être mieux accommodé en ce point. Surquoi il me remontra que j'avois mal fait : car je m'étois arrêté à confidérer la bienféance ; & il falloit premierement avoir pourvû à la juftice, qui vouloit que nul ne fût forcé en ce qui lui appartenoit. Et dit qu'il en fut puni comme on nous punit en nos villages pour avoir oublié le premier aorifte de τύπω. Mon Régent me feroit une belle harangue, in genere demonftrativo, avant qu'il me perfuadât que fon école vaut celle-là.

petites injuftices que celles-là, & l'on n'en fait pas tant de bruit, l'on ne s'avife pas d'en faire une hiftoire mémorable, & digne de trouver place dans un livre auffi relevé que celui de Xenophon.

E ₂

donnés, les plus châtiés, & les plus propres à inspirer des mœurs & du goût ; on y sacrifie même quelquefois ses devoirs & sa fortune. Et quelle est l'origine de ce reste de poison que les loix trop peu severes souffrent encore dans la société ? Les exercices du corps trop négligés, les Sciences & les Arts trop peu cultivés encore.

Nos jardins font ornés de statuës, & nos Galeries de tableaux. Que penseriez-vous que représentent ces chefs-d'œuvres de l'art exposés à l'admiration publique ? Les défenseurs de la patrie ? ou ces hommes plus grands encore qui l'ont enrichie par leurs vertus ? Non. Ce font des images de tous les égaremens du cœur & de la raison, tirées soigneusement de l'ancienne Mythologie, & présentées de bonne heure à la curiosité de nos enfans ; sans doute afin qu'ils ayent sous leurs yeux des modéles de mauvaises actions, avant même que de savoir lire.

Tout ceci est encore exageré. Les grands hommes de la Gréce & de Rome, leurs actions vertueuses, telles que la piété d'Enée, la chasteté de Lucrece, font partie des ornemens de nos jardins & de nos galleries, aussi bien que les Métamorphoses d'Ovide ; dans celles-ci mêmes, combien d'allégories de la meilleure morale, & ce font pour l'ordinaire ces sujets qu'on choisit pour exposer en public.

D'ailleurs ces décorations des jardins & des galleries ne font pas faites pour les enfans. Leurs galleries ordinaires font les figures de la Bible, & il y a là une abondante collection d'exemples de vertus.

D'où naissent tous ces abus, si ce n'est de l'inégalité funeste introduite entre les hommes par la distinction des talens & par l'avilissement des ver-

Ce texte est une pure déclamation. On ne fait point de cas d'un homme de talent qui n'est pas honnête homme, ni d'un livre bien écrit, si l'objet en est frivole. On n'estimeroit point, par exemple,

tus ? Voilà l'effet le plus évident de toutes nos études, & la plus dangereuse de toutes leurs conséquences. On ne demande plus d'un homme s'il a de la probité, mais s'il a des talens; ni d'un Livre s'il est utile, mais s'il est bien écrit.

ce Discours, quelque séduisant qu'il soit, si l'on ne sentoit que le véritable but de l'Auteur est, non pas d'anéantir la culture des Sciences & des Arts, mais d'obtenir de ceux qui s'y appliquent, de ne point en abuser, & d'être encore plus vertueux que savans.

Les récompenses sont prodiguées au bel esprit, & la vertu reste sans honneurs. Il y a un prix pour les beaux discours, aucun pour les belles actions.

La proposition n'est pas exactement vraie. Il y a en France beaucoup de recompenses, beaucoup de Croix de Chevaliers, de pensions, de titres de noblesses, &c. pour les belles actions; malgré ce la je trouve, comme l'Auteur, qu'il n'y en a pas encore assez, & qu'il devroit y avoir réellement des prix de Morale pratique, comme il y a des prix de Physique, d'Eloquence, &c. Pourquoi ne pas faire marcher toutes ces Sciences ensemble, comme elles y vont naturellement, & comme on le pratique dans les petites écoles, dans l'éducation donnée chez les parens. On dira à l'honneur de ce siécle, que la vertu est plus commune que les talens; que tout le monde a de la probité, & ne fait en cela que ce qu'il doit. Ce que je sai, c'est que tout le monde s'en pique.

Qu'on me dise, cependant, si la gloire attachée au meilleur des Discours qui seront couronnés dans cette Académie, est comparable au

L'Auteur manque encore ici d'exactitude. Nous convenons qu'on caresse un peu trop en France les talens agréables; qu'une jolie voix de l'Opéra, par exemple, y sera souvent plus fêtée qu'un

mérite d'en avoir fondé le prix.

Le sage ne court point après la fortune ; mais il n'est pas insensible à la gloire ; & quand il la voit si mal distribuée, sa vertu, qu'un peu d'émulation auroit animée & rendu avantageuse à la société, tombe en langueur, & s'éteint dans la misere & dans l'oubli. Voilà ce qu'à la longue doit produire par-tout la préférence des talens agréables sur les talens utiles, & ce que l'expérience n'a que trop confirmé depuis le renouvellement des Sciences & des Arts.

Physicien de l'Academie. J'avoue qu'on y a trop d'égards pour une autre espece d'hommes agréables, beaucoup moins utiles encore, pour ne pas dire, tout-à-fait inutiles, nuisibles même à la société. Je veux parler de cette partie du beau monde, oisive, inapliquée, ignorante, dont le mérite consiste dans la science de la bonne grace, des airs, des manieres & des façons ; qui se croiroit dèshonorée d'approfondir quelque Science utile, sérieuse, qui fait consister l'esprit à voltiger sur les matieres, dont elle ne prend que la fleur ; qui met toute son étude à jouer le rôle d'homme aimable, vif, leger, enjoué, amusant, les délices de la société, un beau parleur, un railleur agréable, &c. * & jamais celui d'homme occupé du bien public, de bon Citoyen, d'ami essentiel. Si l'on ne regardoit le François que de ce mauvais côté, comme ont la bonté de le faire quelquefois nos voisins, on pourroit dire avec M. Gresset....

Que nos arts, nos plaisirs, nos esprits font pitié,
Qu'il ne nous reste plus que des superficies,
Des pointes, du jargon, de tristes faceties,
Et qu'à force d'esprit & de petits talens,
Dans peu nous pourrions bien n'avoir plus de bon sens.

Le Méchant, Comédie de M. Gresset.

Mais il faut avouer que ces hommes futiles, & qui ne sont
* Le Français à Londres.

tels que parce qu'ils négligent la culture des Sciences , font beaucoup plus rares en France , que ne le croyent les Nations rivales de la nôtre ; & qu'en général ils y font peu eftimés. . . . .

> *Sans ami , fans repos , fufpeĉt & dangéreux*
> *L'homme frivole & vague eft déja malheureux.*

Dit le même M. Greffet. Enfin toute l'Europe rend cette juftice à la France , qu'on y voit tous les jours honorer par des récompenfes éclatantes les talens utiles , néceffaires. La remarque précédente le prouve déja ; mais quoi de plus propre à convaincre là-deffus les incrédules, que ces bienfaits du Roi répandus fur les membres les plus laborieux de l'Académie des Sciences de Paris , ces Ecoles publiques , ces démonftrations d'Anatomie & de Chirurgie fondées dans les principales villes de France ? Ces titres de Nobleffe donnés à des perfonnes diftinguées dans l'art de guérir ? Eft-il quelque pays dans l'Univers dont le fouverain marque plus d'attention à récompenfer & encourager les hommes utiles & vertueux ?

Nous avons des Phyficiens , des Géometres , des Chymiftes , des Aftronomes, des Poëtes, des Muficiens , des Peintres ; nous n'avons plus de Citoyens ;

Il y a là un peu de mauvaife humeur. Peut-il y avoir de meilleurs Citoyens que des hommes qui paffent leur vie , & altérent même quelquefois leur fanté à des recherches utiles à la fociété, tels que font les Phyficiens, les Géometres, les Aftronomes ? Les Poëtes & les Peintres rappellent aux hommes la mémoire de la vertu & de fes Héros; & expofent les préceptes de la Morale, ceux des Arts & des Sciences utiles d'une façon plus propre à les faire goûter . . .

> Bientôt reffufcitant les Héros des vieux âges ,
> Homere aux grands exploits anima les courages.

Héſiode à ſon tour, par d'utiles leçons,
Des champs trop pareſſeux vint hâter les moiſſons.
En mille Ecrits fameux la ſageſſe tracée,
Fut, à l'aide des vers, aux mortels annoncée ;
Et par-tout des eſprits ſes préceptes vainqueurs,
Introduits par l'oreille entrerent dans les cœurs. *Boil.*

Le Muſicien nous délaſſe de nos travaux, pour que nous y retournions avec plus d'ardeur, & ſouvent il célébre ou les grandeurs de l'Etre ſuprême, ou les belles actions des grands hommes ; au moins voilà ſon véritable objet. Tous ces Arts concourent donc au bien public & à nous rendre plus vertueux & meilleurs.

Ou s'il nous en reſte encore, diſperſés dans nos campagnes abandonnées, ils y périſſent indigens & mépriſés. Tel eſt l'état où ſont réduits, tels ſont les ſentimens qu'obtiennent de nous ceux qui nous donnent du pain, & qui donnent du lait à nos enfans.

Il eſt ſans doute un grand nombre d'honnêtes gens à la campagne: mais il eſt pourtant vrai de dire que c'eſt-là où l'on trouve en plus grand nombre le faux-témoin, le ruſé chicaneur, le fourbe, le voleur, le meurtrier. Nos priſons en contiennent des preuves ſans replique.

Je l'avoue, cependant, le mal n'eſt pas auſſi grand qu'il auroit pû le devenir. La prévoyance éternelle, en plaçant à côté de divers plantes nuiſibles des ſimples ſalutaires, & dans la ſubſtance de pluſieurs animaux malfaiſans le remède à leurs bleſſures, a enſeigné aux Souverains qui ſont

La politique de ces Souverains ſeroit bien mauvaiſe, ſi la thèſe de notre Auteur étoit bonne, d'aller choiſir des Savans pour former une ſociété deſtinée à remédier aux déréglemens des mœurs cauſés par les Sciences. C'étoit des ignorans, des ruſtres, des payſans, qu'il falloit compoſer ces Académies.

fes miniftres à imiter fa fageffe. C'eft à fon exemple que du fein même des Sciences & des Arts, fources de mille déréglemens, ce grand Monarque dont la gloire ne fera qu'acquérir d'âge en âge un nouvel éclat, tira ces focietés célèbres chargées à la fois du dangereux dépôt des connoiffances humaines, & du dépôt facré des mœurs,

Par l'attention qu'elles ont d'en maintenir chez elles toute la pureté, & de l'exiger dans les membres qu'elles reçoivent.

Les Académies ont cela de commun avec tous les corps d'un Etat policé, & elles ont certainement peu befoin de ces précautions; tant les Sciences & les bonnes mœurs ont coutume d'aller de compagnie.

Ami du bien, de l'ordre & de l'humanité,
Le véritable efprit marche avec la bonté.

M. Greffet, ibid.

Ces fages inftructions affermies par fon augufte fucceffeur, & imitées par tous les Rois de l'Europe, ferviront du moins de frein aux gens de Lettres, qui tous afpirant à l'honneur d'être admis dans les Académies, veilleront fur eux-mêmes, & tâcheront de s'en rendre dignes par des ouvrages utiles & des mœurs irreprochables. Celles de ces compagnies, qui pour le prix dont elles honorent le mérite littéraire

Les gens de Lettres & les Académies doivent bien des remercimens à l'Auteur, de la bonne opinion qu'il a des uns, & des avis qu'il donne aux autres. Mais il me femble que s'il raifonnoit conféquemment à fes principes, le véritable frein des gens de Lettres, des gens appliqués à des Arts qui dépravent les mœurs, ne doit pas être l'efpoir d'entrer dans une Académie qui augmentera encore leur ardeur pour ces fources de leur dépravation; mais que ce doit être au contraire l'ignorance & l'abandon des Lettres & des Acadé-

feront un choix de sujets propres à ranimer l'amour de la vertu dans les cœurs des Citoyens, montreront que cet amour régne parmi elles, & donneront aux Peuples ce plaisir si rare & si doux de voir des sociétés savantes se dévouer à verser sur le Genre-humain, non-seulement des lumieres agréables, mais aussi des instructions salutaires.

mies. En indiquant à ces sociétés les objets de Morale dont ils doivent faire le sujet de leur prix, l'Auteur convient tacitement que c'est-là un des principaux objets des Lettres ; qu'ainsi il ne s'est déchaîné jusqu'ici que contre des abus qui sont étrangers à la véritable destination, & à l'usage ordinaire des Belles-Lettres.

Qu'on ne m'oppose donc point une objection qui n'est pour moi qu'une nouvelle preuve. Tant de soins ne montrent que trop la nécessité de les prendre, & l'on ne cherche point des remédes à des maux qui n'existent pas.

Ceci est un peu énigmatique. Selon moi, les maux qui existent sont l'ignorance & les passions déréglées, avec lesquelles les hommes naissent. Les remédes employés sont les instructions, les Ecoles, les Académies.

Pourquoi faut-il que ceux-ci portent encore par leur insuffisance le caractere des remédes ordinaires ? Tant d'établissemens faits à l'avantage des savans n'en sont que plus capables d'en imposer sur les objets des sciences & de tourner les esprits à leur culture.

Que devient donc le compliment fait dans la page précédente à nos Académies ? Je me doutois bien que notre Orateur y auroit regret : il n'étoit pas dans ses principes.

Il semble, aux précautions qu'on prend,

Il est un peu rare de voir les paysans passer dans nos Académies.

qu'on ait trop de Laboureurs & qu'on craigne de manquer de Philosophes.

Il est plus commun de les voir quitter la charuë pour venir être Laquais dans les villes, & y augmenter le nombre des ignorans inutiles, & des esclaves du luxe.

Je ne veux point hazarder ici une comparaison de l'agriculture & de la philosophie : on ne la supporteroit pas.

On la supporteroit à merveille, mais elle ne seroit pas favorable à l'Auteur. L'Agriculture n'est pas plus nécessaire pour tirer de la terre d'excellentes productions, que la Philosophie pour faire faire à l'homme de bonnes actions, & pour le rendre vertueux.

Je demanderai seulement, qu'est-ce que la Philosophie ? Que contiennent les écrits des Philosophes les plus connus ? Quelles sont les Leçons de ces amis de la sagesse ?

Notre Auteur appelle ici de grands Philosophes, ce que tout le monde appelle des monstres. Si sa thèse a besoin d'une pareille ressource, je ne puis que plaindre celui qui la soutient.

A les entendre, ne les prendroit-on pas pour une troupe de charlatans criant, chacun de son côté sur une place publique; Venez à moi, c'est moi seul qui ne trompe point ? L'un prétend qu'il n'y a point de corps & que tout est en représentation. L'autre, qu'il n'y a d'autre substance que la matière, ni d'autre Dieu que le monde. Celui-ci avance qu'il n'y a ni vertus ni vices, & que le bien & le mal moral sont des chimères. Celui-là, que les hommes sont des loups & peuvent se dévorer en sureté de conscience. O grands Philosophes ! que ne reservez-vous pour vos amis & pour vos enfans ces Leçons profitables, vous en recevriez bientôt le prix, & nous ne craindrions pas de trouver dans les nôtres quelqu'un de vos sectateurs.

Voilà donc les hommes merveilleux à qui l'estime de leurs contemporains a été prodiguée pendant leur vie, & l'immortalité reservée après leur trépas.

Voilà les sages maximes que nous avons reçues d'eux & que nous transmettons d'âge en âge à nos descendans.

Le Paganisme, livré à tous les égaremens de la raison humaine a-t-il laissé à la postérité rien qu'on puisse comparer aux monumens honteux que lui a préparé l'Imprimerie, sous le régne de l'Evangile? Les écrits impies des Leucippes & des Diagoras sont péris avec eux. On n'avoit point encore inventé l'art d'éterniser les extravagances de l'esprit humain.

Mais, grace aux caractéres Typographiques * *& à l'usage que nous en faisons, les dangéreuses rêveries des Hobbes & des Spinosa resteront à jamais.*

Voilà les hommes qui ont été en exécration parmi leurs concitoyens, & qui n'ont échappé à la vigilance des tribunaux, que par leur fuite & par leur retraite dans des climats où regne une licence effrenée.

J'ai trop bonne opinion de notre Orateur pour croire qu'il pense ce qu'il dit ici.

On n'avoit pas non plus éternisé sa sagesse; & comme les bonnes choses que perpetue l'Imprimerie surpassent infiniment les mauvaises, il est hors de tout doute que cette invention est une des plus belles & des plus utiles que l'esprit humain ait jamais enfantées.

Et leurs réfutations aussi, lesquelles sont aussi solides & aussi édifiantes que les monstrueuses erreurs de ces Ecrivains sont folles & dignes du nom de *rêveries.*

* * *A considérer les désordres affreux que l'Imprimerie a déja causés en Europe, à juger de l'avenir par le progrés que le mal*

Le parti qu'ont pris les Turcs est digne des Sectateurs de Mahomet & de son Alcoran. Une religion aussi ridicule

Allez, écrits célèbres dont l'ignorance & la rusticité de nos Péres n'auroient point été capables ; accompagnez chez nos descendans ces ouvrages plus dangereux encore, d'où s'exhale la corruption des mœurs de notre siécle,

On a vu ci-devant que les siécles anciens étoient beaucoup plus corrompus. Il est vrai qu'ils n'en disent rien à la postérité ; mais la pratique presque générale des vices passoit de race en race comme par tradition. Peut-on comparer ce torrent débordé & universel des passions déréglées, des siécles barbares, avec quelques Poëtes libertins, que laisse encore échapper notre siécle.

Et portez ensemble aux siécles à venir une histoire fidelle du progrès & des avantages de nos Sciences & de nos Arts. S'ils vous lisent, vous

Que le Dieu tout-puissant ôte les lumieres & les talens à ceux qui en abusent, qu'il anéantisse les *Arts funestes* à la vertu ; qu'il donne la pauvreté à ceux qui font un mauvais usage des richesses,

---

fait d'un jour à l'autre, on peut prévoir aisément que les Souverains ne tarderont pas à se donner autant de soin pour bannir cet Art terrible de leurs Etats, qu'ils en ont pris pour l'y établir. Le Sultan Achmet cédant aux importunités de quelques prétendus gens de goût avoit consenti d'établir une Imprimerie à Constantinople. Mais à peine la presse fut-elle en train, qu'on fut con-

ne peut, sans doute, se soutenir que par l'ignorance. Le savoir est le triomphe de la vraie Religion. Origène l'a bien fait voir aux Payens ; & les Arnauld, les Bossuet aux hérétiques. L'Evangile est le premier de tous les livres, sans doute ; mais ce n'est pas le seul nécessaire, & Gregoire le Grand auroit perdu son nom, s'il eût été capable d'une pareille sottise.

traint de la détruire & d'en jetter les instrumens dans un puits. On dit que le Calife Omar, consulté sur ce qu'il falloit faire de la bibliotheque d'Alexandrie, répondit en ces termes. Si les livres de cette Bibliotheque contiennent des choses opposées à l'Alcoran, ils sont mauvais & il faut les brûler. S'ils ne contiennent que la doctrine de l'Alcoran, brûlez-les encore : ils sont superflus. Nos Savans ont cité ce raisonnement comme le comble de l'absurdité. Cependant, supposez Grégoire le Grand à la place d'Omar, & l'Evangile à la place de l'Alcoran, la Bibliotheque auroit encore été brûlée, & ce seroit peut-être le plus beau trait de la vie de cet illustre Pontife.

ne leur laifferez aucune perpléxité fur la queftion que nous agitons aujourd'hui : & à moins qu'ils ne foient plus infenfés que nous, ils léveront leurs mains au Ciel, & diront dans l'amertume de leur cœur ; » Dieu tout - puif-
» fant, toi qui tiens dans tes mains les Efprits, délivre-
» nous des Lumiéres & des funeftes Arts de nos Péres, &
» rends-nous l'ignorance, l'innocence & la pauvreté, les
» feuls biens qui puiffent faire notre bonheur & qui foient
» précieux devant toi.

mais qu'il répande abondamment les lumieres, les talens & les richeffes fur ceux qui fçavent les employer utilement. Voilà la priére d'un bon-Citoyen, & d'un homme raifonnable.

Mais fi le progrès des Sciences & des Arts n'a rien ajoûté à notre véritable félicité ; s'il a corrompu nos mœurs, & fi la corruption des mœurs a porté atteinte à la pureté du goût, que penferons-nous de cette foule d'Auteurs élémentaires qui ont écarté du Temple des Mufes les difficultés qui défendoient fon abord, & que la nature y avoit répandues comme une épreuve des forces de ceux qui feroient tentés de favoir ?

Comme la majeure de cet argument eft fauffe, ces Auteurs font dignes de toute la reconnoiffance du public, & de l'Auteur même du Difcours, qui a mieux profité qu'un autre de leurs travaux.

Que penferons - nous de ces Compilateurs d'ouvrages qui ont indifcrettement brifé la porte des Sciences & introduit dans leur Sanctuaire une populace indigne d'en approcher ;

Le mot de *Sanctuaire* convient-il à un lieu où, felon l'Auteur, on va corrompre fes mœurs & fon goût ; je me ferois attendu à toute autre expreffion ; & en ce cas-là qu'eft-ce que l'Auteur entend par cette *populace indigne d'en approcher ?* Les plus indignes

d'approcher d'un lieu de corruption, font ceux qui font les plus

plus capables de porter fort loin cette corruption; ceux qui font les plus capables de fe diftinguer dans ce prétendu Sanctuaire : par exemple, ceux qui ont plus d'aptitude aux Sciences, plus de fagacité, plus de génie; car tous ces gens-là en deviendront d'autant plus mauvais, d'autant plus dangereux au refte de la fociété, felon les principes de l'Auteur : à moins qu'ici la vérité ne lui échappe malgré lui, & qu'il ne rende aux Sciences l'hommage qu'il leur doit à tant d'égards. Cette derniere conjecture eft très-vraifemblable.

Tandis qu'il feroit à fouhaiter que tous ceux qui ne pouvoient avancer loin dans la carriére des Lettres, eussent été rebutés dès l'entrée, & se fuffent jettés dans les Arts utiles à la fociété. Tel qui fera toute fa vie un mauvais verfificateur, un Géométre fubalterne, feroit peut - être devenu un grand fabricateur d'étoffes. Il n'a point fallu de maîtres à ceux que la nature deftinoit à faire des difciples.

Oh! ma conjecture devient ici plus que vraifemblable. L'Auteur reconnoît formellement la dignité & l'excellence des Sciences; il n'y veut admettre que ceux qui y font réellement propres, & il a raifon au fond; cet abus dans les vocations eft réel dans les bons principes & dans les principes ordinaires. Mais 1°. le Citoyen de Geneve ne raifonne pas conféquemment à fa thèfe; car puifque les Sciences font pernicieufes aux mœurs, plus ceux qui les cultiveront feront fpirituels, fubtils, plus ils feront méchans & à craindre; & dans ce cas, pour le bien de la fociété; les ftupides feuls doivent être deftinés aux Sciences. 2°. Cet Auteur a oublié ici qu'il enveloppe les Arts auffi bien que les Sciences dans fon anathême, & que ce fabricateur d'étoffe eft un miniftre du luxe. Qu'il aille donc labourer la terre. A quoi bon les étoffes? *L'homme de bien eft un Athlete qui fe plaît à combattre à nud.*

Nous en reffemblerons mieux à la vertu dans cette fimplicité;

& pourquoi tout le reſte du corps ne ſupporteroit-il pas les
injures des ſaiſons , auſſi bien que le viſage & les mains ? Ce
ſeroit le moyen d'avoir des *guerriers capables de ſupporter l'excès du travail* & de réſiſter à la *rigueur des ſaiſons & aux in-
temperies de l'air.* p. 48.

Les Verulams , les Deſcartes & les New-tons , ces Précepteurs du Genre-humain n'en ont point eu eux-mêmes , & quels guides les euſſent conduits juſqu'où leur vaſte génie les a portés? Des Maîtres ordinaires n'auroient pu que rétre-cir leur entendement en le reſſerrant dans l'étroi-te capacité du leur : C'eſt par les premiers obſtacles qu'ils ont appris à faire des efforts , & qu'ils ſe ſont exercés à franchir l'eſpace immenſe qu'ils ont parcouru.

Premierement , il n'eſt point vrai que les Verulams , les Deſ-cartes , les Newtons n'aient point eu de maîtres ; ces grands hommes en ont d'abord eu comme tous les autres , & ont commencé par ap-prendre tout ce qu'on ſavoit de leur temps. En ſecond lieu , de ce que des génies tranſcendans , tels que ceux-ci , & tant d'autres que l'antiquité n'a point nommés , ont été capables d'inventer les Scien-ces & les Arts , l'Auteur veut que tous les hommes apprennent d'eux-mêmes , & ſans maîtres , afin de rebuter ceux qui ne ſeront pas tranſcendans comme ces premiers ; mais ce qui eſt poſſible à des génies de cette trempe , ne l'eſt pas pour

tout autre ; & ſi les Sciences ſont bonnes , ces grands hommes ont très-bien mérité de la ſociété de lui avoir communiqué
leurs lumieres , & ceux qui en éclairent les autres hommes
participent à cette action. Si au contraire les Sciences ſont per-
nicieuſes , ces hommes ne ſont plus dignes de l'admiration de
l'Auteur. Ce ſont des monſtres qu'il falloit étouffer dès les premiers efforts qu'ils ont faits pour *franchir l'eſpace immenſe qu'ils
ont parcouru.* Or , ce dernier parti auroit mis le comble à l'ex-

travagance & à la barbarie, & l'Auteur a raifon de regarder
ces hommes divins comme les dignes *Précepteurs du genre-humain*. On eft charmé de voir que la verité perce ici, comme
à l'inſçû de l'Orateur ; il eft fâcheux feulement qu'elle ne foit
point d'accord avec le refte du Difcours.

*S'il faut permettre à
quelques hommes de fe
livrer à l'étude des Sciences & des Arts, ce n'eft
qu'à ceux qui fe fentiront
la force de marcher feuls
fur leurs traces, & de
les devancer : C'eft à ce
petit nombre qu'il appar-
tient d'élever des monu-
mens à la gloire de l'ef-
prit humain.*

Les Sciences & les Arts font
donc des monumens élevés à la
gloire de l'efprit humain ; l'Auteur
ne penfe donc plus qu'ils font la
fource de la dépravation de nos
mœurs ; car affurément ils mériteroient, dans ce cas, d'être regar-
dés comme les monumens de fa
honte, & ils n'arrachent de l'Auteur un aveu tout oppofé que parce
qu'ils font les fources de la lumiere
& de la droiture qui fait le parfait
honnête homme & le vrai Citoyen.

*Mais fi l'on veut que
rien ne foit au-deffus de
leur génie, il faut que
rien ne foit au-deffus de
leurs efpérances. Voilà
l'unique encouragement dont ils ont befoin.*

Voilà, ce me femble, bien
des louanges épigrammatiques en
faveur des génies deftinés à perdre notre innocence, notre probité.

*L'ame fe proportionne
infenfiblement aux ob-
jets qui l'occupent, &
ce font les grandes oc-
cafions qui font les*

L'éloquence, felon l'Auteur,
p. 51, tire fon origine de l'ambition, de la haine, de la flatterie
& du menfonge. La Phyfique

grands hommes. Le Prince de l'Eloquence fut Conful de Rome, & le plus grand, peut-être, des Philofophes, Chancelier d'Angleterre.

d'une vaine curiofité, la Morale même de l'orgueil humain, toutes les Sciences & les Arts de nos vices. Voilà de belles fources pour des Confuls & des Chanceliers actuellement les objets de l'admiration de l'Auteur ; ou Rome & l'Angleterre étoient là dans de bien mauvaifes mains, ou les principes de l'Orateur font bien étranges.

Croit-on que fi l'un n'eût occupé qu'une Chaire dans quelque Univerfité, & que l'autre n'eût obtenu qu'une modique penfion d'Académie ; croit-on, dis-je, que leurs ouvrages ne fe fentiroient pas de leur état ? Que les Rois ne dédaignent donc pas d'admettre dans leurs Confeils les gens les plus capables de les bien confeiller : qu'ils renoncent à ce vieux préjugé inventé par l'orgueil des Grands, que l'art de conduire les Peuples eft plus difficile que celui de les éclairer :

Toute cette page eft de la plus grande beauté, comme de la plus exacte vérité, & elle eft malheureufement une contradiction perpétuelle du refte de l'ouvrage.

Comme s'il étoit plus aifé d'engager les hommes à bien faire de leur bon gré, que de les y contraindre par la force. Que les Savans du premier ordre trouvent dans leurs cours d'honorables afyles. Qu'ils y obtiennent la feule recompenfe digne d'eux ; celle de

Voilà donc l'Auteur revenu aux vérités que nous avons établies dans nos premieres remarques. Les lumières & la fageffe vont donc enfemble ; les Savans poffedent l'un & l'autre, puifqu'il n'eft plus queftion que de leur donner du pouvoir, pour qu'ils entreprennent & faffent de grandes chofes. Donc la fcience ne dégrade pas les mœurs

contribuer par leur crédit au bonheur des Peuples à qui ils auront enseigné la sagesse. C'est alors seulement qu'on verra ce que peuvent la vertu, la science & l'autorité animées d'une noble émulation & travaillant de concert à la félicité du Genre-humain. Mais tant que la puissance sera seule d'un côté ; les lumieres & la sagesse seules d'un autre ; les Savans penseront rarement de grandes choses, les Princes en feront plus rarement de belles, & les Peuples continueront d'être vils, corrompus & malheureux.

& le goût. Donc le parti que l'Orateur a pris n'est pas juste, ni son Discours solide.

Pour nous, hommes vulgaires, à qui le Ciel n'a point départi de si grands talens & qu'il ne destine pas à tant de gloire, restons dans notre obscurité. Ne courons point après une réputation qui nous échaperoit, & qui dans l'état présent des choses ne nous rendroit jamais ce qu'elle nous auroit coûté, quand nous aurions tous les titres pour l'obtenir. A quoi bon chercher notre bonheur dans l'opinion d'autrui, si nous pouvons le trouver en nous-mêmes ? Laissons à d'autres le soin d'instruire les Peuples de leurs devoirs, & bornons-nous à bien remplir les nôtres ; nous n'avons pas besoin d'en savoir davantage.

Les soins que coûte l'éducation des enfans, ne prouvent que trop les peines & l'appareil, & j'ajoûte les stratagêmes qu'il faut mettre en usage pour inculquer aux hommes les principes de la Morale, & former leurs mœurs. Non pas que la théorie de cette Morale, de cette éducation soit si épineuse ; mais c'est que la pratique en est des plus pénibles, & qu'on échoue encore souvent sur certains caracteres, avec tout l'art que ce siécle éclairé a imaginé pour y réussir.

O vertu ! Science sublime des ames simples, faut-il

donc tant de peines & d'appareil pour te connoître ?

Tes Principes ne sont-ils pas gravés dans tous les cœurs, & ne suffit-il pas pour apprendre tes Loix de rentrer en soi-même & d'écouter la voix de sa conscience dans le silence des passions ?

La supposition du silence des passions est charmante ; mais qui leur imposera silence à ces passions? si non des lumieres bien vives sur leur perversité, sur leurs suites funestes, sur les moyens de les dompter, ou même de les éviter, en élevant l'ame à des objets plus dignes d'elle ; enfin en devenant Philosophes & savans.

Voilà la véritable Philosophie, sachons nous en contenter ; & sans envier la gloire de ces hommes célébres qui s'immortalisent dans la République des Lettres, tâchons de mettre entre eux & nous cette distinction glorieuse qu'on remarquoit jadis entre deux grands Peuples ; que l'un savoit bien dire, & l'autre, bien faire.

Pourquoi seroit-il défendu de mériter ces deux couronnes à la fois? Bien faire & bien penser sont inséparables, & il n'est pas difficile de bien dire à qui pense bien; mais comme on n'agit pas sans penser, sans réfléchir, l'art de bien penser doit préceder celui de bien faire. Celui qui aspire donc à bien faire, doit, pour être plus sûr du succès, avoir *les lumieres & la sagesse* de son côté, ce que la culture des Sciences, de la Philosophie peut seule lui donner. » Si vous » voulez, dit Ciceron, vous former des regles d'une vertu » solide ; c'est de l'étude de la Philosophie que vous devez » les attendre, ou il n'y a point d'art capable de vous les » procurer. Or ce seroit une erreur capitale, & un manque de » réflexion, de dire qu'il n'y a point d'art pour acquérir les » talens les plus sublimes, les plus essentiels, pendant

» qu'il y en a pour les plus fubalternes. Si donc il y a quelque
» fcience qui enfeigne la vertu, où la chercherez-vous, finon
» dans la Philofophie?

*Sive ratio conftantiæ, virtutifque ducitur : aut hæc ars eft (Phi-
lofophia) aut nulla omninò, per quam eas affequamur. Nullam
dicere maximarum rerum artem effe, cùm minimarum fine arte
nulla fit ; hominum eft parùm confideratè loquentium, atque in
maximis rebus errantium. Si quidem eft aliqua difciplina vir-
tutis, ubi ea quæretur, cùm ab hoc difcendi genere difcefferis.*
Cicero de Offic. l. 11. p. 10. de l'Edit. de Glafgow.

F I N.

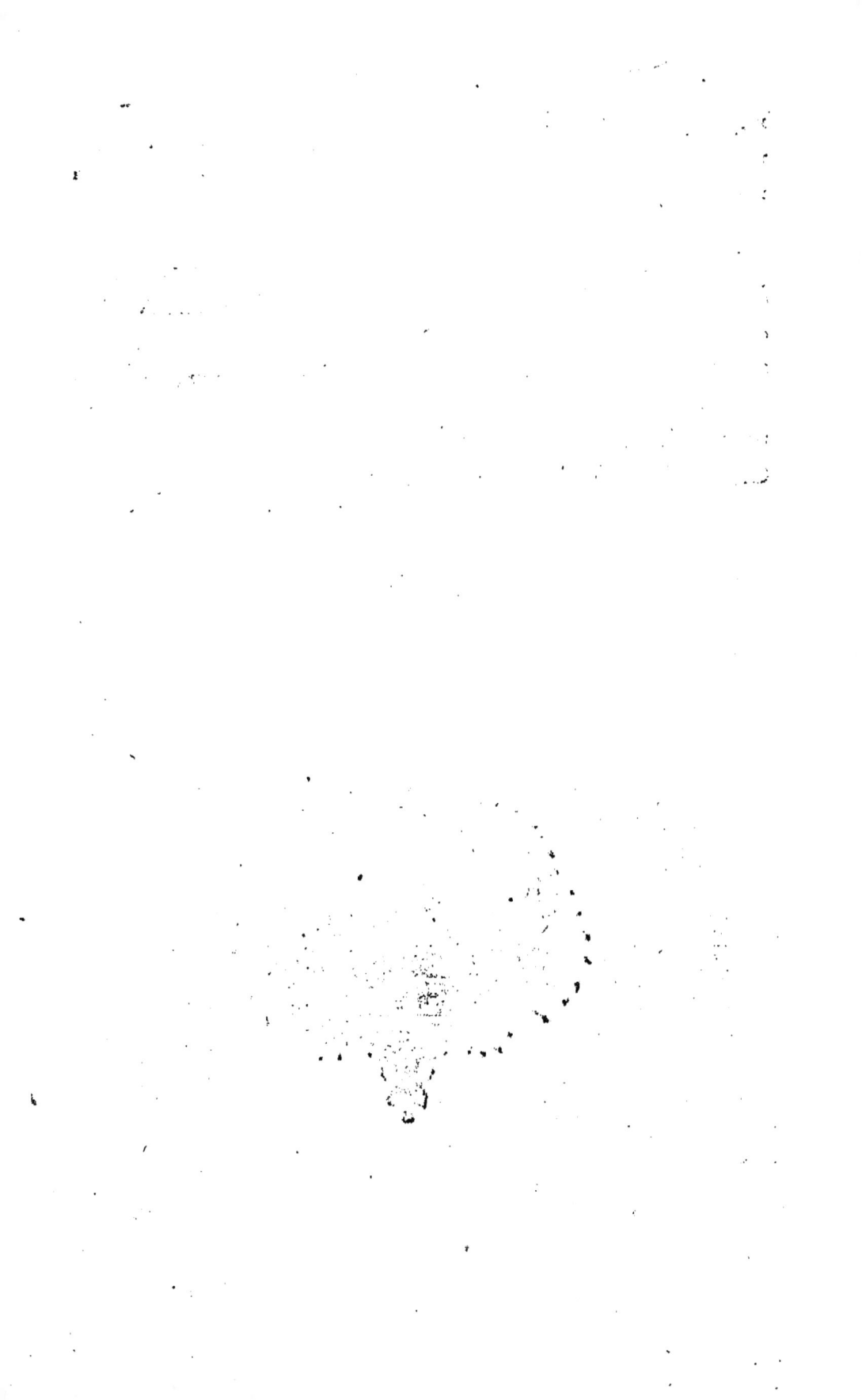

ADDITION

A LA

REFUTATION PRECEDENTE.

A Dijon, ce 15 Octobre 1751.

MONSIEUR,

JE viens de recevoir de Paris une Brochure, où M. Rouſſeau replique à une réponſe faite à ſon Diſcours par la voie du Mercure. Cette réponſe a pluſieurs chefs communs avec nos Remarques, & par conſéquent la replique nous intéreſſe. Notre Refutation du Diſcours en deviendra complette, en y joignant celle de cette replique que je vous envoie, & j'eſpere qu'elle arrivera encore aſſez à temps pour être placée à la ſuite de nos Remarques.

J'ai l'honneur d'être, &c.

P. S. Vous avez trouvé ſingulier qu'on ait mis en queſtion ... Si le rétabliſſement des Sciences & des Arts a contribué à épurer les mœurs ... *L'Académie Françoiſe confirme authentiquement votre opinion, Monſieur, en propoſant pour le ſujet du prix d'éloquence de l'année 1752, cette verité à établir ... L'amour des Belles-Lettres inſpire l'amour de la vertu ... C'eſt le droit & le*

devoir des Cours souveraines, Monsieur, de redresser les dé-
cisions hazardées par les autres Jurisdictions. M. Rousseau
a senti toute la force de l'autorité de ce Programme publié
par la premiere Académie du monde, en fait de Belles-Lettres;
il a tâché de l'affoiblir, en disant que cette sage Compa-
pagnie a doublé dans cette occasion le temps qu'elle
accordoit ci-devant aux Auteurs, même pour les sujets
les plus difficiles ... Mais cette circonstance n'infirme en
rien le jugement que ce tribunal suprême porte contre la thèse
du Citoyen de Geneve ; elle peut seulement faire penser que
ce sujet exige beaucoup d'érudition, de lecture, & par conséquent de temps ; ce qui est vrai. D'ailleurs, cette sage
Compagnie suit l'usage de toutes les Académies, quand elle
propose en 1751 le sujet des prix qu'elle doit donner en
1752. Il en est même plusieurs qui mettent deux ans d'in-
tervalle entre la publication du Programme & la distribu-
tion du prix.

RÉFUTATION

DES

OBSERVATIONS

DE MONSIEUR

JEAN-JACQUES ROUSSEAU

DE GENEVE,

Sur une Réponse qui a été faite à son Discours dans le Mercure de Septembre 1751. p. 63.

Nous sommes d'accord avec l'illustre Auteur de la Réfutation inferée au Mercure, en ce que nous avons trouvé comme lui....

1°. Que M. Rousseau, savant, éloquent, & homme de bien tout à la fois, fait un contraste singulier avec le Citoyen de Geneve, l'Orateur de l'ignorance, l'ennemi des Sciences & des Arts qu'il regarde comme une source constante de la corruption des mœurs.

2°. Comme le respectable Anonyme, nous avons pensé que le Discours couronné par l'Académie de Dijon est un tissu de contradictions qui décélent, malgré fon Auteur, la verité qu'il s'efforce en vain de trahir.

3°. Comme le Prince Philofophe, auffi puiffant à protéger les Lettres qu'à défendre leur caufe ; * nous avons dit que l'Orateur Genevois avoit prononcé un anathême trop général contre les Sciences & les Arts, & qu'il confondoit quelques abus qu'on en fait, avec leurs effets naturels & leurs ufages légitimes.

I.

Au premier article, M. Rouffeau répond ; qu'il a étudié les Belles-Lettres, fans les connoître ; que dès-qu'il s'eft *apperçu du trouble qu'elles jettoient dans fon ame, il les a abandonnées.*

Comment cet Auteur ne fent-il point qu'on va lui re-pliquer que ce n'eft point les avoir abandonnées, ou au moins l'avoir fait bien tard, que de les avoir por-tées au degré où il y eft parvenu, que c'eft même les cultiver plus que jamais que de fe produire fur le théa-tre des Académies pour y difputer, y remporter les prix qu'elles propofent. Le perfonnage que joue M. Rouf-

* Voici comme l'Auteur Anonyme de la reponfe au Difcours du Ci-toyen de Geneve fe trouve defigné dans le Mercure de Septembre p. 62.
,, Nous fommes fâchés qu'il ne nous foit pas permis de nommer l'Auteur
,, de l'Ouvrage fuivant. Auffi capable d'éclairer que de gouverner les
,, peuples, & auffi attentif à leur procurer l'abondance des biens nécef-
,, faires à la vie, que les lumieres & les connoiffances qui forment à la
,, vertu, il a voulu prendre en main la défenfe des Sciences, dont il
,, connoît le prix. Les grands établiffemens qu'il vient de faire en leur
,, faveur étoient-déja comme une réponfe fans réplique au Difcours du
,, Citoyen de Geneve, à qui il n'a pas tenu de dégrader tous les beaux arts.
,, Puiffent les Princes à venir, fuivre un pareil exemple, &c.

feau dans fa Replique, n'eft donc pas plus férieux que celui qu'il affecte dans fon Difcours.

Je me fers, dit-il, des Belles-Lettres pour combattre leur culture, comme les Saints Peres fe fervoient *des Sciences mondaines contre les Payens ; fi quelqu'un, ajoûte-t'il, venoit pour me tuer, & que j'euffe le bonheur de me faifir de fon arme, me feroit-il défendu, avant que de la jetter, de m'en fervir pour le chaffer de chez moi ?*

Les Peres de l'Eglife fe font fervis utilement des Sciences mondaines pour combattre les Payens. Donc ces Sciences font bonnes, & ce n'eft point elles que ces défenfeurs de la Religion méprifoient, blâmoient ; car ils n'auroient ni voulu s'en fervir, ni pu le faire fi utilement : mais c'eft le mauvais ufage qu'en faifoient ces Philofophes profanes qu'ils reprenoient avec raifon.

C'eft une très-belle action que de défarmer fon ennemi, & de le chaffer avec fes propres armes : mais M. Rouffeau n'eft nullement dans ce cas-là ; il n'a défarmé perfonne ; les armes dont il fe fert font bien à lui : il les a acquifes par fes travaux, par fes veilles ; il femble par leur choix & leur éclat, qu'il les ait reçues de Minerve même, & par une ingratitude manifefte, il s'en fert pour outrager cette divinité bienfaictrice ; il s'en fert pour anéantir, autant qu'il eft en lui, ce qu'il y a de plus refpectable, de plus utile, de plus aimable parmi les hommes qui penfent ; la Philofophie, l'étude de la fageffe, l'amour & la culture des Sciences & des Arts ; il n'y a donc point de juftesse dans

l'application des exemples que M. Rousseau cite en
sa faveur, & il est toujours singulier que l'homme
savant, éloquent, qui a conservé toute sa probité, toutes ses vertus, à la reconnoissance près, en acquerant
ces talens, les employe à s'efforcer de prouver qu'ils
dépravent les mœurs des autres.

J'ajoute qu'il y a un contraste si nécessaire entre la
cause soutenue par M. Rousseau, & les moyens qu'il
employe pour la defendre, qu'en la gagnant même, par
supposition, il la perdroit encore ; car dans cette hy-
pothèse, & selon ses principes, son éloquence, son
savoir, en nous subjuguant, nous conduiroient à la vertu,
nous rendroient meilleurs, & par conséquent demon-
treroient, contre son Auteur même, que tous ces talens sont de la plus grande utilité.

I I.

Que les contradictions soient très-fréquentes dans le
Discours du Citoyen de Geneve, on vient de s'en convaincre par la lecture de mes Remarques. M. Rousseau
prétend que ces contradictions ne sont qu'apparentes ;
que s'il loue les Sciences en plusieurs endroits, il le fait
sincérement & de bon cœur, parce qu'alors il les con-
sidére en elles-mêmes, il les regarde comme une espèce
de participation à la *suprême intelligence*, & par conséquent comme excellentes ; tandis que dans tous le
reste de son Discours il traite des Sciences, relative-
ment au génie, à la capacité de l'homme ; celui-ci

étant trop borné *pour y faire de grands progrès, trop paf-*
fionné pour n'en pas faire un mauvais ufage ; il doit, pour
fon bien & celui des autres , s'en abftenir ; elles ne font
point proportionnées à fa nature , elles ne font point
faites pour lui, * (7.*) , il doit les éviter toutes comme autant de poifons.

Comment ! Les Sciences & les Arts ne feroient *point*
faits pour l'homme ? M. Roufleau y a-t'il bien penfé ?
Auroit-il déja oublié les prodiges qu'il leur a fait opé-
rer fur l'homme même ? Selon lui, (4.) & felon le vrai ,
le rétabliffement des Sciences & des Arts a fait *fortir*
l'homme , en quelque maniere , du néant ; Il a *diffipé les*
ténébres dans lefquelles la nature l'avoit enveloppé ... il l'a
élevé au-deffus de lui-même ; il l'a porté *par l'efprit juf-*
ques dans les régions céleftes ; & ce qui eft plus grand &
plus difficile , il l'a fait *rentrer en foi-même, pour y étu-*
dier l'homme, & connoître fa nature, fes devoirs, & fa
fin. L'Europe , continue notre Orateur, (5) *étoit retom-*
bée dans la barbarie des premiers âges. Les peuples de cette
partie du monde aujourd'hui fi éclairée , vivoient , il y a
quelques fiécles , dans un état pire que l'ignorance.... Il
falloit une révolution pour ramener les hommes au fens
commun. Plus loin (88. 89.) Le Citoyen de Geneve exhorte les Rois à appeller les Savans à leurs confeils ;
il regarde comme compagnes *les lumieres & la fageffe,*
& les Savans comme propres *à enfeigner* la derniere

* Les chiffres ainfi apoftillés (7*.) défignent les pages des Obferva-
tions de M. Roufleau en replique à la réponfe inferée au Mercure de
Septembre. Les chiffres fimples font les citations de notre Edition.

aux peuples. Les lumieres, les Sciences, ces étincelles de la Divinité, font donc faites pour l'homme ; & le fruit qu'ils en retirent, eft la vertu.

Eh ! pourquoi cette émanation de la fageffe fupreme ne conviendroit-elle pas à l'homme ? Pourquoi lui deviendroit-elle nuifible ? Avons-nous un modéle à fuivre plus grand, plus fublime que la Divinité ? Pouvôns-nous nous égarer fous un tel guide, tant que nous nous renfermerons dans la fcience de la Religion & des mœurs, dans celle de la nature, & dans l'art d'appliquer celle-ci aux befoins & aux commodités de la vie ? Trois efpèces de connoiffances deftinées à l'homme par fon Auteur même. Comment donc ofer dire qu'elles ne font pas faites pour lui, quand l'Auteur de toutes chofes a décidé le contraire ? *Il a l'efprit trop borné pour y faire de grands progrès* ; ce qu'il y en fera, fera toujours autant d'effacé de fes imperfections, autant d'avancé dans le chemin glorieux que lui trace fon Créateur. *Il a trop de paffions dans le cœur pour n'en pas faire un mauvais ufage.* Plus l'homme a de paffions, plus la fcience de la Morale & de la Philofophie lui eft néceffaire pour les dompter ; plus il doit auffi s'amufer, s'en diftraire par l'étude & l'exercice des Sciences & des Arts. Plus l'homme a de paffions, plus il a de ce feu qui le rend propre à faire les découvertes les plus grandes, les plus utiles ; plus il a de ce feu, principe du grand homme, du héros, qui le rend propre aux vaftes entreprifes, aux actions les plus fublimes. Donc plus les hommes ont de paffions, plus il eft néceffaire, avantageux pour les
autres,

autres , & pour eux-mêmes qu'ils cultivent les Scien-
es & les Arts.

Mais plus il a de paſſions , plus il eſt expoſé à abuſer
de ſes talens, repliquera l'Adverſaire.

Plus il aura de ſavoir, moins il en abuſera. Les
grandes lumieres montrent trop clairément les erreurs ,
les abus, leurs principes, la honte attachée à tous les
travers, pour que le ſavant qui les voit ſi diſtinctement
oſe s'y livrer. Monſieur Rouſſeau dans ſes obſervations
convient que les vrais ſavans n'abuſent point des Sciences ; puiſque de ſon aveu, elles ſont ſans danger quand
on les poſſéde vraiment , & qu'il n'y a que ceux qui ne
les poſſédent pas bien, qui en abuſent, on ne ſauroit donc
les cultiver avec trop d'ardeur ; & ce n'eſt pas la culture des Sciences qui eſt à craindre , ſelon M. Rouſſeau
même , mais au contraire le défaut de cette culture,
la culture imparfaite, l'abus de cette culture. Voilà où
ſe reduit la défenſe de cet Auteur lorſqu'on l'analyſe,
& l'on voit que la diſtinction imaginée pour ſauver les
contradictions de ſon Diſcours eſt frivole, & que ni
cette Piéce , ni les Obſervations qui viennent à l'appui,
ne donnent pas la moindre atteinte à l'utilité ſi géné-
ralement reconnue des Sciences & des Arts , tant pour
nous procurer nos beſoins, nos commodités , que pour
nous rendre plus gens de bien.

I I I.

Le Citoyen de Geneve exclud de la ſociété toutes les

Sciences, tous les Arts, fans exception ; il regarde
l'ignorance la plus complette comme le plus grand bien
de l'homme, comme le feul afyle de la probité & de la
vertu ; & en conféquence il oppofe à notre fiécle poli
par les Sciences & les Arts, les mœurs des Sauvages
de l'Amérique, les mœurs des peuples livrés à la feule
nature, au feul inftinct. M. Rouffeau dans fes Obfer-
vations déclare qu'il n'a garde de tomber dans ce défaut;
qu'il admet la Théologie, la Morale, la Science du
falut enfin ; (26*, 27 :) mais il n'admet que celles-là,
porrò unum eft neceffarium, & il regarde toutes les autres
Sciences, tous les autres Arts, comme inutiles (58*),
comme pernicieux au Genre-humain, non pas en eux-
mêmes, (6*), mais par l'abus qu'on en fait, & parce
qu'on *en abufe toujours*. Il paroît dans fon Difcours (53),
qu'il met le luxe au nombre de ces abus : ici, c'eft au
contraire le luxe qui enfante les Arts, & la *premiere
fource du mal eft l'inégalité* des conditions, la diftinction
de pauvre & de riche. (42*)

§. I. Je me garderai bien d'établir férieufement la
néceffité de cette inégalité des conditions, qui eft le lien
le plus fort, le plus effentiel de la fociété. Cette vérité tri-
viale faute aux yeux du Lecteur le moins intelligent. Je
fuis feulement fâché de voir ici, comme dans le Difcours
du Citoyen de Geneve, qu'un Orateur de la volée de
M. Rouffeau, ofe porter au fanctuaire des Académies,
des Paradoxes que Moliere & Delifle ont eu la prudence de ne produire que par la bouche du *Mifantrope*

& *d'Arlequin Sauvage*, & comme des travers ou des singularités propres à nous faire rire. Revenons au sérieux que mérite le sujet qui nous occupe.

L'exception que fait ici Monsieur Rousseau en faveur de la Théologie, de la Morale, &c. est déja une demi-retractation de sa part; car la Science de la Théologie, celles de la Morale & du Salut, sont des plus sublimes, des plus étendues; elles sont inconnues aux Sauvages, & l'on ne s'avisera jamais de regarder comme un ignorant celui qui en sera parfaitement instruit. Les Athanases, les Chrysostômes, les Augustins font encore l'admiration de notre siécle par ce seul endroit. Nous venons de voir, il n'y a qu'un moment, que M. Rousseau attribue au renouvellement des Sciences & des Arts la Science de la Morale ; car celle-ci est l'art de *rentrer en soi-même pour y étudier l'homme & connoître sa nature, ses devoirs & sa fin; merveilles qui*, de son aveu, *se sont renouvellées avec les Sciences*, (p. 4.) Or cette partie des Arts étant essentielle à tous les hommes, il en résulte que notre Orateur sera forcé d'avouer que le rétablissement des Sciences a procuré à toute la race humaine cette utilité si importante qu'il s'efforce ici de rendre indépendante, & très-séparée de ces Sciences, incompatible même avec elles.

Quant à la Science du Salut prise dans son sens le plus étendu, dans ceux qui sont destinés à l'enseigner aux autres, à la défendre, & telle que la possédoient les grands hommes que je viens de citer, dignes modéles pour ceux de notre siécle ; tout le monde sait qu'elle suppose la connoissance des langues savantes, celle de la Philosophie, celle de l'Eloquence, celle enfin de toutes les Sciences humaines, puisque ce sont des hommes qu'il est question de sauver & que l'art de leur inculquer les vérités nécessaires à ce sublime projet, doit employer tous les moyens connus d'affecter leurs sens & de convaincre leurs raisons.

Sont-ce des Savans, dit M. Rousseau, (30. 31 *) que Jesus-Christ a choisis pour répandre sa Doctrine dans l'Univers ? Ne sont-ce pas des Pêcheurs, des Artisans, des Ignorans ?

Les Apôtres étoient réellement des ignorans, quand Dieu les a choisis pour Missionnaires de sa Loi, & il les a choisis tels exprès pour faire éclater davantage sa puissance ; mais quand ils ont annoncé, prêché cette Doctrine du salut, peut-on dire qu'ils étoient des ignorans ? Ne sont-ils pas au contraire un exemple authentique, par lequel Dieu déclare à l'Univers que la science du salut suppose les connoissances, même les connoissances humaines les plus universelles, les plus profondes ? L'Etre suprême veut faire d'un artisan, d'un pêcheur, un Chrétien, un Sectateur & un Prédicateur de l'Evangile ; voilà que l'Esprit saint anime cet artisan, & le transforme en un homme extraordinaire, qui parle d'abord les langues connues, & qui par la force de son éloquence, convertit dans un seul sermon trois mille ames. On sait ce que suppose une éloquence si persuasive, si victorieuse, au milieu d'un peuple endurci au point d'être encore aujourd'hui dans les ténébres à cet égard ; l'éloquence de nos jours ne mérite vraiment ce nom qu'autant qu'elle raffemble l'ordre & la folidité du Géomètre, avec la jufteffe & la liaifon exacte des argumens du Logicien, & qu'elle lès couvre de fleurs ; qu'autant qu'elle remplit cet excellent canevas de matériaux bien affortis, pris dans l'hiftoire des hommes, dans celle des Sciences, dans celle des Arts, dont les détails les plus circonftanciés deviennent néceffaires à un Orateur. Qui a jamais douté que l'art oratoire fût celui de tous qui fuppofe, qui exige les plus vaftes connoiffances ? Et qui croira que l'éloquence fortie des mains de Dieu, & donnée aux Apôtres pour la plus grande, la plus néceffaire de toutes les expéditions, ait été inférieure à celle de nos Rheteurs ? La grace, & les prodiges, dira-t'on, ont fuppléé à l'éloquence. La grace & les prodiges ont, fans doute, la principale part à un ouvrage que jamais la feule éloquence humaine n'eût été capable d'exécuter ; mais il n'eft pas moins conftant, par l'Ecriture, que les faints Miffionnaires de l'Evangile animés de l'efprit de Dieu poffédoient cette éloquence divine, fupérieure à toute faculté humaine, digne enfin de l'efprit qui eft la fource de toutes les lumieres. Toutes les nations étoient frappées d'étonnement* de voir & d'entendre de fimples Artifans Ifraëlites, non feulement parler toutes les langues, mais encore poffédér tout-à-coup la fcience de l'Ecriture fainte, l'expliquer & l'appliquer d'une façon frappante au fujet de leur miffion, difcourir enfin

---

* Stupebant autem omnes & mirabantur.

avec le favoir , le feu & l'enthoufiafme des Pro-
phetes. *

En fuppofant donc quil fût exactement vrai que la
fcience du falut fût l'unique qui dût nous occuper , on
voit que cette fcience renferme , exige toutes les autres
connoiffances humaines. Les Savans Peres de l'Eglife
nous en ont donné l'exemple , & faint Auguftin nous
dit expreffément , *qu'il feroit honteux & de dangereufe
conféquence , qu'un Chrétien , fe croyant fondé fur l'autorité des faintes Ecritures , raifonnât fi pitoyablement fur
les chofes naturelles , qu'il en fût expofé à la dérifion & au
mépris des infidéles.* **

Mais quoique la fcience du falut foit la premiere , la
plus effentielle de toutes , les plus rigoureux Cafuiftes
conviendront qu'elle n'eft pas l'unique néceffaire. Et
que deviendroit la fociété ? que deviendroit même chaque homme en particulier , fi tout le monde fe faifoit
Chartreux , Hermite ? Que deviendroit le petit nombre
qu'il y a aujourd'hui de ces Solitaires uniquement occupés de leur falut , fi d'autres hommes ne travailloient à
les loger , à les meubler , à les nourrir , à les guérir de
leurs maladies ? C'eft donc pour eux , comme pour nous ,
que travaillent les Laboureurs , les Architectes , les Me-
nuifiers , Serruriers , &c. C'eft donc pour eux , comme

---

* Effundam de fpiritu meo fuper omnem carnem , & prophetabunt
filii veftri , &c. *Act. Apoft. cap.* 2.

** Turpe eft autem & nimis perniciofum , ac maximè cavendum , ut
Chriftianum de his rebus (Phyficis) quafi fecundum chriftianas litteras
loquentem , ita delirare quilibet infidelis audiat , ut (quemadmodum di-
citur ,) toto coelo errare confpiciens rifum tenere vix poffit. *De Genes.
ad litt. L. I. c. 19.*

pour nous, que les Manufactures d'étoffes, de verres, de fayances, s'élevent & produisent leurs ouvrages; que les mines de fer, de cuivre, d'étain, d'or & d'argent, font fouillées & exploitées. C'est donc pour eux, comme pour nous, que le Pêcheur jette ses filets; que le Cuifinier s'instruit de l'art d'apprêter les alimens ; que le Navigateur va dans les différentes parties de la terre chercher le poivre, le clou de gerofle, la casse, la manne, la rhubarbe, le quinquina. Nous manquerions donc tous des choses les plus nécessaires à la vie, & à sa conservation, si nous n'étions uniquement occupés que de l'affaire de notre salut, & nous retomberions dans un état pire que celui des premiers hommes, des sauvages; *dans un état pire* que cette barbarie que le Citoyen de Geneve trouve déja *pire que l'ignorance* (p. 4).

Le peuple heureux est celui qui ressemble à la Republique des Fourmis, dont tous les sujets laborieux s'empressent également à faire le bien commun de la société. Le travail est ami de la vertu , & le peuple le plus laborieux doit être le moins vicieux. Le plus vaste , le plus noble , le plus utile des travaux, le plus digne d'un grand Etat, est le commerce de mer qui nous débarrasse de notre superflu, & nous l'échange pour du nécessaire ; qui nous met à même de ce que tous les peuples du monde ont de beau, de bon, d'excellent ; qui nous instruit de leurs vices & de leurs ridicules pour les éviter, de leurs vertus & de leurs sages coutumes pour les adopter : les Sciences mêmes & les Arts doivent les plus grandes découvertes à la navigation, qui leur rend avec usure ce qu'elle en emprunte. Dans la guerre, comme dans la paix, la marine est un des plus grands ressorts de la puissance d'un peuple. Ses dépenses sont immenses, mais elles ne sortent point de l'Etat, elles y rentrent dans la circulation générale ; elles n'apportent donc aucune diminution réelle dans ses finances. Que nos voisins sentent bien toutes ces vérités, & qu'ils savent en faire un bon usage ! France, si avantageusement située pour communiquer avec toutes les mers, avec toutes les parties du monde, cet objet est digne de tes regards. Fais des conquêtes sur Neptune, par ton habileté à dompter ses caprices ; elles te resteront, ainsi que les sommes immenses dont tes armées nombreuses enrichissent souvent les peuples étrangers, quelquefois tes propres ennemis.

Je sais bien, dit M. Rousseau, que la politique d'un Etat, que les commodités, (il n'a osé ajoûter) & les besoins de la vie, demandent la culture des Sciences & des Arts, mais je soutiens qu'en même temps ils nous rendent malhonnêtes gens. (17 *.)

Nous avons amplement prouvé le contraire dans le cours de cette Refutation : nous ajoûterons ici que loin que la probité, l'affaire du salut aient de l'incompatibilité avec la culture de Sciences, des Arts, du Commerce, avec une ardeur pour le travail répandue sur tous les Sujets d'un Etat; je pense au contraire, que l'honnête homme, le Chrétien est obligé de se livrer à tous ces talens.

Peut-on faire son salut sans remplir tous ses devoirs ? Et les devoirs de l'homme en société se bornent-ils à la méditation, à la lecture des livres faints, & à quelques exercices de piété ? Un Boulanger qui passeroit la journée en prieres, & me laisseroit manquer de pain, feroit-il bien son salut ? Un Chirurgien qui iroit entendre un Sermon, plutôt que de me remettre une jambe cassée, feroit-il une action bien méritoire devant Dieu? Les devoirs de notre état sont donc partie de ceux qui sont essentiels à l'affaire de notre salut, & la nécessité de tous ces états est demontrée par les besoins pour lesquels ils ont été inventés.

Je conviendrai de la nécessité & de l'excellence de tous ces Arts utiles, dira M. Rousseau, mais à quoi bon les Belles-Lettres ? à quoi bon la Philosophie, qu'à flatter, qu'à fomenter l'orgueil des hommes ?

Dès que vous admettez la nécessité des Manufactures de toutes espèces, pour nos vêtemens, nos logemens, nos ameublemens ; dès que vous recevez les Arts qui travaillent les métaux, les minéraux, les végétaux nécessaires à mille & mille besoins ; ceux qui s'occupent du soin de conserver, de reparer notre santé, vous ne sauriez plus vous passer de la Méchanique, de la Chimie, de la Physique qui renferment les principes de tous ces Arts, qui les enfantent, les dirigent & les enrichissent chaque jour; dès que vous convenez de la nécessité de la navigation, il vous faut des Géographes, des Géomètres, des Astronômes. Eh! comment pourrez-vous disconvenir de la nécessité de tous ces Arts, de toutes ces Sciences, de leur liaison naturelle, & de la force réciproque qu'ils se prêtent ? Dès que vous voulez bien que les hommes vivent en société, & qu'ils suivent des loix, il vous faut des Orateurs qui leur annconcent & leur persuadent cette loi ; des Poëtes moraux même, qui ajoutent à la persuasion de l'éloquence les charmes de l'harmonie plus puissante encore.

§. II. Nous avons défendu la nécessité, l'utilité de toutes les Sciences frondées par le Citoyen de Geneve, reprouvées avec quelques exceptions par les Observations de M. Rousseau. Examinons maintenant l'abus qu'il prétend qu'on en fait.

Nous convenons qu'on abuse quelquefois des Sciences. M. Rousseau *ajoûte qu'on en abuse beaucoup*, & même *qu'on en abuse toûjours*.

Il suffiroit de s'appercevoir que M. Rousseau est réduit, dans sa justification, à soutenir que les Sciences font toujours du mal, qu'on en *abuse toujours*, pour sentir combien sa cause est désesperée. Vis-à-vis de tout autre, la seule citation de cette proposition en feroit la réfutation ; mais les talens de M. Rousseau donnent de la vraisemblance & du crédit à ce qui en est le moins susceptible ; & il mérite qu'on lui marque ses égards, en étayant de preuves les vérités mêmes qui n'en ont pas besoin.

Un abus constant & général des Sciences doit se démontrer ; 1°. par le fait ; 2°. par la nature même des Sciences considerées en elles-mêmes, ou prises rélativement à notre génie, à nos talens, à nos mœurs. Or l'Auteur convient que les Sciences font excellentes en elles-

mêmes, & nous avons prouvé, art. II, que rélativement à nous-mêmes, elles n'ont rien d'incompatible
avec les bonnes mœurs, qu'elles tendent au contraire à
nous rendre meilleurs : il ne nous reſte donc qu'à examiner la queſtion de fait.

Pour démontrer que les Sciences & les Arts dépravent les mœurs, ce n'eſt pas aſſez que de nous citer des
mœurs dépravées dans un ſiécle ſavant; ce ne ſeroit mê-
mepas aſſez que de nous citer des Savans ſans probité ; il
faut prouver que c'eſt de la Science même que vient la
dépravation, & j'oſe avancer qu'on ne le fera jamais.

1°. Parce que la plûpart des exemples de diſſolution
des mœurs qu'on peut citer, n'ont aucune liaiſon avec
les Sciences & les Arts, quelque familiers qu'ils aient
été dans les ſiécles, ou aux perſonnes, objets de ces citations. 2°. Parce que ceux mêmes qui ont abuſé de
choſes auſſi excellentes, n'ont eu ce malheur que par la
dépravation qu'ils avoient dans le cœur, bien avant
qu'ils fiſſent ſervir leurs talens acquis à la manifeſter au
déhors.

Quoi de plus méchant & de plus éclairé tout à la fois
que Néron ? Quel ſiécle plus poli que le ſien ? Ce doit
être ici ou jamais, le triomphe de l'induction du Citoyen
de Geneve. Mais quoi ! oſera-t'il dire que c'eſt aux lumieres, aux talens de Néron, ou de ſon ſiécle, que ſont
dues toutes les horreurs dont ce monſtre a épouvanté
les Romains ? Qu'il nous faſſe donc remarquer quelques
traits de ces rares talens, dans l'art de faire égorger
ſes amis, ſon Précepteur, ſa Mere : qu'il nous faſſe

donc appercevoir quelque liaifon entre cette barbarie qui éteignit en lui tous les fentimens de la nature, de l'humanité, de la reconnoiffance, & ces lumieres fublimes & précieufes qu'il tenoit des leçons du Philofophe le plus fpirituel, & le plus homme de bien de fon fiécle. Il eft trop évident que Néron, dans fes beaux jours, eft un jeune tigre que l'éducation, les Sciences & les beaux Arts tiennent enchaîné, & apprivoifent en quelque forte ; mais que fa férocité trop naturelle n'étant qu'à demi éteinte par tant de fecours, fe rallume avec l'âge, les paffions & le pouvoir abfolu ; le tigre rompt fa chaîne, & libre alors comme dans les forêts, il fe livre au carnage pour lequel la nature l'a formé. Néron tyran & cruel eft donc le feul ouvrage d'une nature barbare & indomptable, & non celui des Sciences & des Arts, qui n'ont fait que retarder, & peut-être même diminuer les funeftes ravages de fa férocité. Ce que je dis ici de Néron eft général. Pour être méchant, il n'y a qu'à laiffer agir la nature, fuivre fes inftinéts : pour être bon, bienfaifant, vertueux, il faut fe réplier fur foi - même ; il faut penfer, réfléchir ; & c'eft ce que nous font faire les Sciences & les beaux Arts.

Que ceux qui ont abufé réellement des Sciences & des Arts ne l'aient fait que par une dépravation qu'ils tenoient déja de la nature, & qui ne vient point du tout de cette culture ; c'eft ce qui eft évident à quiconque fait attention au but des Sciences & des Arts qu'on nous permettra de rappeller ici. Le premier de tous, objet de la Science de la religion & des mœurs, eft de regler les mouvemens du cœur à l'égard de Dieu & du prochain : le second, qui est l'objet de la science de la nature, est de donner à l'esprit la justesse & la sagacité nécessaires dans les recherches & les raisonnemens qu'exige cette science, qui en elle-même est l'étude des ouvrages du Créateur, & nous représente sans cesse sa grandeur, sa puissance, sa sagesse ; en même temps qu'elle nous offre les fonds où nous puisons de quoi pourvoir à nos nécessités. Enfin, le troisiéme but, objet particulier des Arts, est de réduire en pratique la théorie précédente, & de travailler à nous procurer les besoins & les commodités de la vie.

Comment prouvera-t'on que des talens faits pour former le cœur au bien, à la vertu, diriger l'esprit à la vérité,& exercer les forces du corps à des travaux nécessaires & utiles, fassent tout le contraire de leur destination? Sans une nature dépravée à l'excès, comment abuser de moyens si précieux & faits exprès pour nous conduire à des fins si louables ? Et n'est-il pas visible que c'est cette dépravation antécedente, & non ces moyens, qui sont les causes de ces abus quand ils arrivent ? Qu'enfin, ce ne sont pas les Sciences & les Arts qui ont dépravé les mœurs de ces malheureux, mais au contraire leurs mœurs naturellement perverses, qui ont corrompu leur savoir, leurs talens, ou leurs usages légitimes.

M. Rousseau convient de l'utilité de la science de la religion, & des mœurs : c'est donc contre celle de la nature, & des Arts, qui en font l'application, que portent ces déclamations.

En vain oppofe-t'on à M. Rouffeau que la nature dé-
veloppée nous offre de toutes parts les merveilles opé-
rées par le Créateur, nous éleve vers ce principe de toutes chofes, & en particulier de la religion & des bonnes
mœurs. Envain les doctes compilations des Niuwentyt,
de Derham, des Pluche, &c. ont réuni ce tableau fous
un feul coup d'œil, & nous ont fait voir que la nature
eft le plus grand livre de Morale, le plus pathétique,
comme le plus fublime dont nous puiffions nous occuper.
M. Rouffeau eft furpris (17*) qu'il faille étudier l'Univers pour en admirer les beautés : propofition de la part
d'un homme auffi inftruit, prefqu'auffi furprenante, que
l'Univers même bien étudié ; il ne veut pas voir
(18*) que l'Ecriture qui célébre le Créateur par les
merveilles de fes ouvrages, qui nous dit d'adorer fa
puiffance, fa grandeur & fa bonté dans fes œuvres, nous
fait par-là un précepte d'étudier ces merveilles. Il prétend (19*) *qu'un Laboureur qui voit la pluye & le foleil tour*
à tour fertilifer fon champ, en fait affez pour *admirer, louer*
& benir la main dont il reçoit ces graces. Mais fi ces pluyes
noyent fes grains, fi le foleil les confume, & les anéan-
tit, en faura-t'il affez pour fe garantir des murmures &
de la fuperftition ? Y penfe-t'on, quand on borne les
merveilles de la nature à ce qu'elles ont de plus commun, de moins touchant, pour qui les voit tous les
jours, à ce qu'elles ont de plus équivoque à la gloire
de fon Auteur ? Qu'on tranfporte ce Laboureur ignorant dans les Sphéres céleftes dont Copernic, Kepler, Defcartes & Newton, nous ont expofé l'immenfité
& l'harmonie admirable ; qu'on l'introduife enfuite dans

cet autre Univers en mignature, dans l'économie ani-
male, & qu'on lui développe cet artifice au-deſſus de
toute expreſſion, avec lequel ſont conſtruits & combi-
nés tous les organes des ſens & du mouvement : c'eſt-
là où il ſe trouvera ſaiſi de l'enthouſiaſme de S. Paul
élevé au troiſiéme Ciel ; c'eſt-là qu'il s'écriera avec
lui, ô richeſſes infinies de l'Etre ſuprême ! ô profon-
deur de ſa ſageſſe ineffable, que vous rendez viſible
l'exiſtence & la puiſſance de votre Auteur ! que vous
me pénetrez des vérités qu'il m'a revelées, de la recon-
noiſſance, de l'adoration & de la fidélité que je lui dois !

J'avoue, dit M. Rouſſeau, *que l'étude de l'Univers
devroit élever l'homme à ſon Créateur ; mais elle n'éleve que
la vanité humaine....* Elle fomente ſon *incredulité,* ſon
impiété. *Jamais le mot impie d'Alphonſe X. ne tombera
dans l'eſprit de l'homme vulgaire ; c'eſt à une bouche ſa-
vante que ce blaſphême étoit reſervé.* (19*)

Le mot d'Alphonſe X. ſurnommé *le Sage,* n'a du
blaſphême que l'apparence ; c'eſt une plaiſanterie très-
déplacée, à la vérité, par la tournure de l'expreſſion :
mais le fond de la penſée, qui eſt la ſeule choſe que
Dieu examine, & qu'il faut ſeule examiner quand il eſt
queſtion de Dieu, n'eſt uniquement qu'une cenſure
énergique du ſyſtême abſurde de Ptolomée, & par conſéquent l'éloge du vrai plan de l'Univers & de ſon Auteur, dont *Alphonſe le Sage* étoit trop ſincére adora-
teur pour concevoir le deſſein extravagant de l'outrager. Les vaſtes lumieres découvrent les abſurdités
que l'imagination des hommes prête à la nature ; mais

cette découverte est toute à la honte des hommes qui
se sont trompés, elle ne peut pas réjaillir sur les œuvres du Tout-puissant ; sa sagesse suprême est le garant
de leur perfection, elle est à l'épreuve de tous les exa-
mens. Que les Sciences s'épuisent à les mettre au creu-
set ; les vaines opinions des hommes s'y dissiperont en
fumée comme les Marcassites ; les vérités divines y deviendront de plus en plus brillantes comme l'or le plus
pur, parce que les Sciences sont autant de rayons de la
Divinité. Malheur donc aux Religions qui n'en peuvent
supporter les épreuves, & ausquelles elles sont contraires ! La vraie en reçoit une splendeur nouvelle, & n'en
differe que parce qu'elle les surpasse, comme le soleil
même est supérieur à un petit nombre de rayons qui en
émanent entre les nuages qui nous environnent. Nous
ne disconviendrons pas néanmoins qu'on ne puisse en
abuser ; les Hérésies, les schismes sans nombre le prouvent assez ; ces preuves n'ont point échappé à M. Rousseau, elles s'offrent d'elles-mêmes à un Citoyen de Geneve, & un homme aussi versé dans les Belles-Lettres
n'est pas moins instruit des désordres qui suivent une
littérature licencieuse.

Mais M. Rousseau ne veut pas s'appercevoir qu'il re-
tombe toujours sur l'abus des Sciences, sur ce qu'elles
font quelquefois entre les mains des méchans, & non
pas sur *ce qu'elles doivent faire*, & sur ce qu'elles font
en effet, quand leur but est suivi, quand il n'y a qu'elles qui ont part à l'action, quand elles ne sont pas sur-
montées par une nature dépravée, sur le compte de
laquelle

laquelle l'équité demande qu'on mette ces abus.

Pour l'honneur de l'humanité, efforçons-nous encore de diminuer, s'il est possible, le nombre de ces méchans, de ces malheureux, qui abusent de talens aussi précieux. Disons que la plûpart de ceux-mêmes qui ont abusé de leur plume, ont plus donné dans le libertinage de l'esprit que dans celui du cœur, ou qu'au moins ce dernier déréglement n'a pas été jusqu'à détruire leur probité. Epicure étoit le Philosophe le plus sobre & le plus sage de son siécle ; Ovide & Tibulle n'en étoient pas moins honnêtes gens pour être amoureux. On n'a jamais taxé de mœurs infâmes les Spinosa, les Bayle, quoique leur Religion fût ou monstrueuse ou suspecte. Le Citoyen de Geneve conviendra sans doute, qu'il est une probité commune à toutes les Religions, à toutes les Sectes, & il a bien compris que c'est de celle-là qu'il est question dans le sujet proposé par notre Académie ; sans quoi il n'auroit pas été décent d'introduire sur la scène les Romains & les Grecs, les Scythes, les Perses & les Chinois, &c. Dira-t'on que ces écrits licentieux produiront plus de désordre dans ceux qui les lisent que dans leurs propres Auteurs ? Ce paradoxe n'est pas vraisemblable. La corruption n'est jamais pire qu'à sa source, & ne peut que s'affoiblir en s'en éloignant. Or, si les ouvrages cités ne doivent pas leur naissance à une dépravation capable de détruire la probité, vraisemblablement ils ne la porteront pas

H

ailleurs à de plus grands excès , ou bien ils y trouveront déja dans la nature le fond de ces défordres.

Mais nous revenons volontiers à une rigueur plus
fage , plus judicieufe , plus conforme à la doctrine la
plus faine : nous convenons qu'il vaudroit beaucoup
mieux que tous ces Auteurs ne fuffent jamais nés ;
que la vraie probité eft inféparable de la vraie Religion , & de la Morale la plus pure ; & qu'enfin leurs
ouvrages font des femences à étouffer par de fages
précautions , & par la multitude des livres excellens
qui font les Antidotes de ces poifons , enfantés par
une nature dépravée , & préparés par des talens
pervertis. Heureufement les Antidotes ne nous manquent point , & font en nombre beaucoup fupérieurs
aux poifons. Ne perdons point de vûe notre preuve
de fait contre l'abus que M. Roufleau prétend qu'on
fait *toujours* des Sciences.

Perfonne ne reconnoît le Savant au portrait odieux
qu'en fait M. Roufleau. Ce caractere d'orgueil &
de vanité qu'il lui prête me rappelle ces pieux
fpéculatifs qui fe regardant comme les élus du Très-
haut , jettent fur tout le refte de la terre , criminelle à
leurs yeux , des regards de mépris & d'indignation ;
mais je ne reconnois point là le Savant.

Peut-être cette peinture iroit-elle encore affez bien
à ces prétendus Philofophes de l'ancienne Ecole ,
dont toute la fcience confiftoit en mots , la plûpart
vuides de fens , & qui paffant leur vie dans les dif-

putes les plus frivoles, mettoient leur gloire & leur orgueil à terraffer un adverfaire, ou à éluder fes argumens par des diftinctions fcholaftiques auffi vaines que ceux qui les imaginoient. Mais peut-on appliquer à notre fiécle tous les défordres, toutes les extravagances de ces anciennes Sectes ? Peut-on accufer d'orgueil, de vanité, nos Phyficiens, nos Géomètres uniquement occupés à pénétrer dans le fanctuaire de la nature ? La candeur & l'ingénuité des mœurs, eft une vertu qui leur eft comme annexée. Notre Phyfique ramenée à fes vrais principes par Defcartes, étayée de la Géométrie par le même Phyficien, par Newton, Hughens, Leibnitz, de Mairan, & par une foule de grands hommes qui les ont fuivis, eft devenue une fcience fage & folide. Pourquoi nous oppofer ici le dénombrement des Sectes ridicules des anciens Philofophes ? Pourquoi nous citer les orgueilleux raifonneurs de ces fiécles reculés, puifqu'il s'agit ici du renouvellement des Lettres, puifqu'il s'agit de notre fiécle, de nous enfin ? Qu'on ouvre cette Phyfique, ce tréfor littéraire auffi immenfe qu'irreprochable; ces Annales de l'Académie des Sciences & des Belles-Lettres de Paris, de celle de Londres; c'eft-là qu'il faut nous montrer qu'on abufe toujours des Sciences, (p. 8*), propofition refervée à M. Rouffeau & à notre fiécle curieux de fe fingularifer. Qu'on examine la conduite des hommes Savans qui ont compofé & qui compofent ces Corps célèbres; les Newtons, les

H 2

Mariottes, les de l'Hôpital, les Duhamel, les Re-
gis, les Caffini, les Morin, les Mallebranche, les
Parents, les Varignon, les Fontenelles, les Réau-
mur, les Defpreaux, les Corneilles, les Racines,
les Boffuets, les Fenelons, les Peliffons, les La
Bruyere, &c. Que feroit-ce, fi nous joignions à ces
hommes illuftres les membres & les ouvrages dif-
tingués de ces Sociétés refpectables qui ont produit
les Riccioli, les Kircher, les Petau, les Porée,
les Mabillons, les Dacheris, les Lami, les Regnault?
&c. Si nous y ajoûtions les grands hommes qui, fans
être d'aucune fociété, n'en étoient ni moins illuftres
par leur favoir, ni moins refpectables par leur probité, tels que les Kepler, les Grotius, les Gaffendi,
les Alexandres, les Dupins, les Pafcal, les
Nicole, les Arnauds, &c. Qu'on nous montre
dans la foule de ces Savans, & en particulier dans
celle des Académiciens qui fe font fuccedés l'efpace
de prés d'un fiécle, les mœurs déréglées, l'orgueil &
tous les défordres, que M. Rouffeau prétend qui fuivent la culture des Sciences, & qui la fuivent
toujours. Si fa propofition eft vraie, les volumes
& les hommes que je viens de citer, fourniront
à cet Orateur une ample moiffon de preuves & de
lauriers; mais fi ces livres font les productions les
plus précieufes, les plus utiles qu'ayent enfanté tous
les fiécles précédens; mais fi tous ces Savans font
de tout le fiécle où ils ont vécu, les moins or-

gueilleux, les plus vertueux, les plus gens de bien; il faut avouer que la cause de notre adverfaire eft la plus abfurde qu'on ait jamais ofé foutenir.

Si nous n'appréhendions pas que M. Rouffeau n'imputât les citations hiftoriques à étalage d'érudition (53. *), & ne fe refervât cette efpèce de preuve, comme un privilége qui lui eft propre, nous fouillerions à notre tour, dans ce dixiéme fiécle, & les fuivans, où *le flambeau des Sciences ceſſa d'éclairer la terre, où le Clergé lui-même demeura plongé dans l'ignorance*; nous y verrions la diffolution des mœurs gagner jufqu'à ce Clergé, qui doit être la lumiere & l'exemple du monde Chrétien, de l'Univers vertueux; nous y verrions le libertinage égaler l'ignorance; nous verrions auffi que le changement heureux qu'opéra le renouvellement des Lettres fur les efprits, porta également fur les cœurs, & que la réforme des mœurs fuivit celle des façons de penfer & d'écrire; d'où nous ferions en droit de conclure que les lumieres & les bonnes mœurs vont naturellement de compagnie, & que tout peuple ignorant & corrompu qui reçoit cette lumiere falutaire, revient en même temps à la vertu, malgré l'Arrêt prononcé par M. Rouffeau. (p. 59. *)

Cet Auteur, qui, il y a deux mois, ne comptoit qu'un Savant qui fût à fon gré, (26) & qui en admet aujourd'hui trois ou quatre; qui n'exceptoit aucun Art, aucune Science de l'anathême qu'il leur avoit

lancé ; qui défendoit tout son terrain avec tant d'af-
surance * , & qui aujourd'hui s'est retranché derriere
le boulevard de la Théologie, de la Morale, de la
Science du salut ; cet Orateur se trouveroit-il encore assez pressé pour étendre les faveurs de ses exceptions jusques sur les Sciences qui font l'objet des
travaux de nos Académies, & sur les Arts utiles,
qui sont sous leur protection ; pour se faire enfin un
dernier mur des Arts & des Sciences qu'il appellera frivoles, afin de n'imputer qu'aux Savans & aux Artistes de cette espéce, tous les abus, tous les désordres qu'il dit accompagner *toujours* la culture des
Sciences & des Arts ?

Dans ce cas-là nous lui demanderons le dénombrement précis de ces Sciences, de ces Arts, objet de ces
imputations. Nous espérons qu'il ne mettra point
dans sa liste la musique, que les Censeurs des Arts
regardent comme une Science des plus futiles. Nous
avons fait voir qu'elle faisoit un délassement aussi char-
mant qu'honnête ; qu'elle célébroit les grands hommes,
les vertus, l'Auteur de toutes les vertus ; M. Rousseau

---

* On reprochoit avec raison à M. Rousseau dans le Mercure de
Juin p. 65. de faire main-basse sur tous les Savans & les Artistes.
Soit, répond-il, p. 99. puisqu'on le veut ainsi, je consens de sup-
primer toutes les distinctions que j'y avois mises. Et p. 102. il
menace de ne pas mettre dans ses réponses les modifications qu'on
espere y trouver. Ce ton haut bien soutenu est celui d'un brave ;
mais quand on le prend pour une mauvaise cause, il est encore *plus
grand & plus difficile*, dès qu'on s'en apperçoit, *de rentrer en soi-
même*, & de se radoucir ; comme le fait M. Rousseau dans quelques endroits de ses Observations, où, sur le chapitre des modifications, il a passé nos espérances.

connoît mieux qu'un autre ses utilités , ses avantages, puisqu'il en fait son étude, puisqu'il s'est chargé de remplir cette brillante partie des travaux Encyclopédiques ; il n'y a pas d'apparence qu'il ajoûte cette nouvelle contradiction entre sa conduite & ses discours. La musique sera donc un de ces Arts exceptés, un de ces Arts qui ne dépravera point les mœurs . . . . .

Et tous ces lieux communs de Morale lubrique,
Que Lulli rechauffa des sons de sa musique,

> Boileau. Satyr. x.

seront simplement des abus d'une chose bonne en elle-même, mais d'une chose dont on *n'abuse* pas *beaucoup*, dont on *n'abuse* pas *toujours*; car autrement je suis sûr que M. Rousseau ne voudroit pas être l'Apôtre d'une pareille doctrine.

Notre Auteur s'humanisera, à ce que j'espere, à l'égard des autres Arts , en faveur de l'harmonie qu'il cultive, & qui est si propre à adoucir les humeurs les plus sauvages. L'affaire est déja plus d'à moitié faite. Nous croyons avoir bien prouvé que les Sciences & les Arts ont une infinité d'utilités, qu'ils fournissent à mille & mille besoins. Nous avons ajoûté à ces avantages essentiels , qu'ils rendent les hommes plus humains, plus sociables, moins féroces, moins méchans, qu'ils les sauvent de l'oisiveté, mere de tous les vices. M. Rousseau convient de tous ces chefs ; il blâme *l'ignorance féroce , brutale* , (53.*) qui rend *l'homme semblable* aux bêtes ; & il est constant que telle est l'ignorance de l'homme abandonné à la simple nature. Il avoue que *les Sciences , les Arts , adoucissent la férocité des hommes* (59.*) ; *qu'ils font une diversion à leurs passions ; que les lumieres du méchant sont encore moins à craindre que sa brutale stupidité ; qu'elles le rendent au moins plus circonspect sur le mal qu'il pourroit faire, par la connoissance de celui qu'il en recevroit lui-même.* Donc nous sommes meilleurs dans ce siécle éclairé, que dans les siécles d'ignorance & de barbarie. Telle est la doctrine que j'ai soutenue dans toutes les notes précédentes. M. Rousseau en convient enfin. *Habemus confitentem reum.* Et le procès me paroît absolument terminé ; au moins j'espere qu'il sera regardé comme tel par le Public équitable & connoisseur.

F I N.

TABLE ALPHABETIQUE

DES MATIERES

CONTENUES DANS CE VOLUME.

A.

B.

Barbarie (La) est inséparable des mauvaises mœurs,
7 , 11 , 21

Bienséance. Voyez Décence.

Boilleau. Ses vers cités , vii. 13 , 33 , 77.

C.

Ciceron. L'éloge qu'il fait de la Philosophie ou de la sagesse , compagnes inséparables .... vis-à-vis le titre de l'ouvrage

Son sentiment sur les avantages & les inconveniens de l'éloquence , 51.

L'éloge des Sciences par cet Orateur , 56.

Selon lui , l'étude de la Philosophie conduit à la vertu , 91.

Citoyen de Geneve , (Le) M. Rousseau Auteur du Discours & des Observations, Savant , Eloquent & homme de bien tout ensemble , joue dans ces Ouvrages un personnage accommodé à la scène , 1 , 95 , 96.

Il se contredit. Voyez contradiction.

Citoyen. (vrai) Il y a bien loin d'un honnête homme ignorant , sans talens , à l'homme de bien vrai Citoyen , 2 , 108.

Tout Citoyen inutile est un homme pernicieux selon M. Rousseau même , 56.

Contradictions du Citoyen de Geneve , (95 , 96 , 98 , 99 ,) qui dans sa thèse regarde les Sciences & les Arts comme un principe de la corruption des mœurs , & le poison le plus funeste à la Société , 1 . 2 , 3 , 8 , 11 , 21 , 26 , 28 , 48 , 58 , 67 , 77 , 79 , 83 , 84 , tandis que dans plusieurs endroits du Discours où il expose ses preuves , il fait leur éloge , 3 , 6 , 79 , 80 , 86-88 , & donne par tout des marques non équivoques de son attachement à ces mêmes beaux Arts , & des talens heureux & aimables qu'il en a reçus.

Pag. 2 , il n'en estime pas moins un honnête homme qui ne fait rien. Et p. 56 , il tient que tout Citoyen inutile est un homme pernicieux.

Commerce. (Le) Son apologie contre l'Auteur du Discours , 59 ; ses utilités , 107.

Connoissance. Trois espéces de connoissances destinées

R.

S.

Fin de la Table.

www.ingramcontent.com/pod-product-compliance
Lightning Source LLC
Chambersburg PA
CBHW051718090426
42738CB00010B/1980